精益工作设计与卡片控制系统

（翻译版）

［德］马提亚斯·杜雷尔（Matthias Thürer）
［英］马克·史蒂文森（Mark Stevenson）　著
［美］查尔斯·普罗兹曼（Charles Protzman）

陈毅平　陈　琦　张　琪　译

U0808117

机械工业出版社

本书重点讨论了三种传统的基于卡片的控制系统——“看板（Kanban）”“定量在制品（ConWIP）”“对偶单元授权卡片交叠回路（POLCA）”，并首次讨论了“卡片导航平衡控制系统（COBACABANA）”，对上述四种系统的特征进行了比较，据此对其适用性进行了分析，提出了既可对症单独使用，也可嵌套联合使用的精益卡片控制系统。

传统的研究是从解决方案出发来讨论问题的。而本书首先对典型的制造车间和服务供应商遇到的问题加以描述，然后对问题进行诊断，接下来对四种备选的卡片控制解决方案展开讨论，并介绍每种方案适合解决哪一种控制问题。

本书可作为企业从事生产运作管理研究以及工业工程和精益生产等岗位人员的参考资料，也可供高等院校相关专业的硕士生、博士生学习使用。

Card-Based Control Systems for a Lean Work Design: The Fundamentals of Kanban, ConWIP, POLCA, and COBACABANA / by Matthias Thürer, Mark Stevenson and Charles Protzman / ISBN: 9781498746946

Copyright © 2016 by Matthias Thürer, Mark Stevenson and Charles Protzman

All rights reserved. No part of this book may be reproduced by any means whatsoever without written permission from the publisher.

The Chinese edition Copyright © 2017 by China Machine Press

This title is published in China by China Machine Press with license from Matthias Thürer. This Chinese simplified language edition is authorized for sale throughout the world. Unauthorized export of this edition is a violation of the Copyright Act. Violation of this Law is subject to Civil and Criminal Penalties.

本书由 Matthias Thürer 授权机械工业出版社在全球出版与发行。未经许可的出口，视为违反著作权法，将受法律制裁。

北京市版权局著作权合同登记　图字：01-2016-8143 号。

图书在版编目（CIP）数据

精益工作设计与卡片控制系统：翻译版 /（德）马提亚斯·杜雷尔，（英）马克·史蒂文森（Mark Stevenson），（美）查尔斯·普罗兹曼（Charles Protzman）著；陈毅平，陈琦，张琪译. —北京：机械工业出版社，2017. 12

书名原文：Card-Based Control Systems for a Lean Work Design: The Fundamentals of Kanban, ConWIP, POLCA, and COBACABANA

ISBN 978-7-111-58480-3

Ⅰ.①精… Ⅱ.①马… ②马… ③查… ④陈… ⑤陈… ⑥张… Ⅲ.①工业工程-研究②控制系统—经验 Ⅳ.①F402②TP13

中国版本图书馆 CIP 数据核字（2017）第 280189 号

机械工业出版社（北京市百万庄大街 22 号　邮政编码 100037）

策划编辑：裴　泱　　　　责任编辑：裴　泱　朱琳琳　商红云

责任校对：刘雅娜　　　　责任印制：张　博

封面设计：张　静

三河市国英印务有限公司印刷

2018 年 1 月第 1 版·第 1 次印刷

180mm×250mm·12.25 印张·159 千字

标准书号：ISBN 978-7-111-58480-3

定价：49.80 元

凡购本书，如有缺页、倒页、脱页，由本社发行部调换

电话服务　　　　网络服务

服务咨询热线：（010）88361066　　机 工 官 网：www.cmpbook.com

读者购书热线：（010）68326294　　机 工 官 博：weibo.com/cmp1952

（010）88379203　　金 书 网：www.golden-book.com

封面无防伪标均为盗版　　教育服务网：www.cmpedu.com

作者介绍

马提亚斯·杜雷尔

马提亚斯·杜雷尔，暨南大学教授、博导，广东省高等学校“珠江学者”特聘教授（管理科学与工程，2017）。他于2009年在德国柏林工业大学获得机械工程硕士学位，后于2011年在葡萄牙科英布拉大学获得机械工程博士学位。他的主要研究方向为生产计划与控制、精益化设计、负荷控制（Workload Control）。近五年来以第一作者或通讯作者发表高质量SCI论文30余篇。在中小企业工作负荷控制、精益化作业设计以及看板导引平衡控制方面积累了丰富的经验和成果，同英国兰卡斯特大学、美国克莱姆森大学、荷兰格罗宁根大学、葡萄牙科英布拉大学、中国香港大学等科研单位研究人员建立并维持了稳定的合作关系。

此书英文版 Card-Based Control Systems for a Lean Work Design—The Fundamentals of Kanban, ConWIP, POLCA, and COBACABANA 于2016年11月获评新乡出版奖。

姓　　名：马提亚斯·杜雷尔　　　　工作单位：暨南大学

通信地址：中国广州黄埔大道西601号　　　　邮　　编：510632

电话号码：+861 591 631 7887

电子邮箱：matthiasthürer@ workloadcontrol. com

马克·史蒂文森

马克·史蒂文森，现任英国兰卡斯特大学运作管理学教授，毕业于兰卡斯特大学管理学院管理科学系，获学士、博士学位。博士学位论文主要研究工作负载控制。工作负载控制是针对低容量、高变化车间提出的一个生产规划和控制概念，也是COBACABANA系统的基石。他的研究包括将工作负载控制概念应用于实践，从而了解应用的过程和结果。曾在同行评审的运作管

理学学术期刊上发表大量论文，尤其是生产规划和控制类期刊。

姓　　名：马克·史蒂文森

工作单位：兰卡斯特大学

通信地址：英国兰卡斯特 LA1 4YX 兰卡斯特大学管理学院管理科学系

电话号码：+44 1524 593847

电子邮箱：m. stevenson@ lancaster. ac. uk

查尔斯·普罗兹曼

查尔斯·普罗兹曼，国际知名精益设计实施者、培训师、演讲家、新乡奖得主，拥有30多年的物料和运作管理经验。曾为多个厂家、医院、政府机构及其他服务行业提供咨询。他出版的《医疗保健也精益》系列丛书获得了新乡奖。

1997年11月，查尔斯·普罗兹曼成立业务改进集团公司。该公司位于马里兰州巴尔的摩，专门培训、实施精益思维原则和精益业务交付系统（LBDS）。25年来，查尔斯·普罗兹曼在美国和其他国家成功实施了精益生产线的改造，举办了多场改善活动，完成多项管理业务系统的改进（事务性精益）。

他在联信公司，即现在的霍尼韦尔国际公司供职13年半，任航空航天战略运作经理一职，也是联信公司的首位精益大师。多次获得专项奖和成本节约奖。他在精益原则和全面质量方面桃李满天下。

他是企业全面质量管理、简易促进、举办高效会议、职业发展、变革管理、标杆管理、领导力、系统思维、高效工作团队、团队建设、迈尔斯-布里格斯性格分类法、精益思维和供应链管理等方面的引导大师和培训大师。他还修读了波多里奇考官培训课程和六西格玛黑带管理课程。

查尔斯·普罗兹曼是马里兰州洛约拉大学学士、工商管理硕士。现任制造工程师学会（SME）、美国卓越制造协会（AME）、美国工业工程师学会（IIE）、美国质量学会（ASQ）、国际心理类型协会（APT）会员，是迈尔斯-布里格斯性格分类法执证教员（#C10083）。曾任美国生产与库存控制学会（APICS）、美国卓越制造协会冠军俱乐部和全美采购经理人协会会员。

姓　　名：查尔斯·普罗兹曼　　　　工作单位：业务改进集团公司

通信地址：美国马里兰州陶森市　　　　邮　　编：21286

电话号码：+1 410 984 1158

电子邮箱：charlieprotzman@ biglean. com

序

马提亚斯·杜雷尔是暨南大学珠海校区在2014年引进的德籍生产控制专家。直接从国外引进并聘用一位高级别的外籍专业教师，这在暨南大学珠海校区的办学历史上是首次。杜雷尔教授经过一年多的潜心研究，在2016年年初由CRC出版社出版了本书的英文版。2016年9月，我们很高兴地获悉该书荣获世界生产运作管理领域的知名奖项——2017年“新乡出版奖（Shingo Professional Publication Award 2017）”。新乡奖曾被美国《商业周刊》（Business Week）誉为“制造业的诺贝尔奖”，旨在推广精益制造思想，推进世界品质标准建设，代表世界范围内卓越运营的最高标准。新乡研究与出版奖（The Shingo Research and Professional Publication Awards）是新乡研究院新设立的一个奖项，旨在认可和推广精益化与杰出运作知识体系的研究和作品。

杜雷尔教授是一位非常睿智、专注和勤奋的学者。两年来，他先后在《国际生产经济学杂志》《欧洲运作研究杂志》《生产与运作杂志》等国际学术期刊发表了14篇高质量的学术论文，合作出版著作两部，获批国家自然科学基金项目1项。

本书重点讨论了三种传统的基于卡片的控制系统——“看板（Kanban）”“定量在制品（ConWIP）”“对偶单元授权卡片交叠回路（POLCA）”，并首次讨论了“卡片导航平衡控制系统（COBACABANA）”，对上述四种系统的特征进行了比较，据此对其适用性进行了分析，提出了既可对症单独使用，也可嵌套联合使用的精益卡片控制系统。

从研究的角度看，本书对于刚刚进入精益生产控制系统研究领域的博士生和硕士生十分有益，能够让研究新人很快了解订单控制、生产过程控制和库存控制的难点，认识卡片控制系统的种类、特征和适用性。作者对于各种解决方案的理论分析十分专业、严谨，研究生们应该能从中受到很规范的研究训练。

从实用的角度看，本书指导精益改善者如何对典型制造车间和服务供应商遇到的问题加以描述，这样便于诊断问题。作者在探讨上述四种卡片控制系统的功能时，指出了它们相对于问题诊断标准能起到什么作用。正如前言中所介绍的那样，三位作者中，马克·史蒂文森和马提亚斯·杜雷尔代表学术/研究界，而查尔斯·普罗兹曼则具有极为宝贵的实践经验，这使得本书既有理论高度和深度，又有非常强的实践背景，从而使理论研究与企业的实际需求非常好地结合在一起。作者强烈地建议精益改善者要通过严谨细致和长期的观察，找到真正的问题，并有针对性地寻求解决方案。

在这本高水平研究著作的中文版付梓出版之际，作为引进杜雷尔教授的主要决策者和主要推动者，我要代表暨南大学珠海校区感谢黄国全教授、屈挺教授在这个过程中所付出的艰苦努力。如果没有他们向学校的积极推荐以及接下来与杜雷尔教授的有效沟通，我相信对杜雷尔教授的引进过程不会如此顺利；如果没有他们在杜雷尔教授入职后所给予的各种关心和关照，杜雷尔教授也许不会如此专注地从事他的研究工作，根本无法想象不进行专注的研究就可以产出这么优秀的成果。我亲身经历了黄教授邀请杜雷尔教授参加各种会议、宴请以及屈教授多次邀请杜雷尔教授参加貌似闲聊的咖啡清谈，体会出他们为稳定一位初来乍到的外籍教授所花费的苦心。

我还要代表校方感谢本书的主要翻译者陈毅平教授及其翻译团队。陈教授是暨南大学翻译学院副院长，他不但在翻译学领域学术成果卓著，同时也是中华文化的弘扬者、传播者。学校引进杜雷尔教授之后，为了使教授夫妇尽快融入中国文化并与本校的同事们建立起和谐的合作关系，我拜托陈教授利用其业余时间向杜雷尔教授夫妇传授中国太极拳。多少个清晨，在朝阳映射下的太极师徒的剪影构成了中外交融的唯美画面。很快，太极功夫成为杜雷尔教授为数不多的健身活动和社交活动，也是杜雷尔教授常常在朋友圈里津津乐道的一项“成就”。陈教授克服了自己对生产控制领域不熟悉、专业术语难以准确表达等困难，给中国管理界的读者带来一本可读性比较好的高水平的研究性著作。

谢谢暨南大学电气信息学院张明亮老师为本书出版所做出的杰出贡献。杜雷尔教授在暨南大学入职后，曾经被各种事务性工作以及与职能部门的沟通工作所缠绕，烦琐、复杂的沟通使简约、率真的他对中国国情、校情一时难以适应，曾一度情绪低落。我安排张明亮老师做杜雷尔教授的科研助理，张明亮老师非常出色地充当了助手、沟通者和协调人的角色，不但赢得了杜雷尔教授的充分信任，也使学校通过这个案例总结出有效发挥外籍教授作用的经验。在这本书的翻译、编辑和出版过程中，张明亮老师也做了大量的沟通联系工作。

恭喜杜雷尔教授的夫人乔安娜，她一边撰写自己的博士学位论文，一边陪伴在杜雷尔教授身边，使这个家庭在一年中收获了两项大成果——女儿克拉拉和三本专著，我很期待今年年底听到她的博士论文通过答辩的好消息。

再次衷心祝贺这本中文版著作的出版。感谢杜雷尔教授和其他合作者，感谢陈毅平教授和其他合译者，感谢机械工业出版社裴泱主任和其他编辑，感谢他们为这本书的出版所做的一切。

卡片控制系统是精益生产方式的重要组成部分。我希望本书能够对精益生产方式的深入研究和推广应用、对中国企业竞争力的提高发挥更大的作用。

中国机械工程学会工业工程分会总干事
暨南大学　李从东　教授

前 言

协调产品和/或服务流经过一系列资源，将物料、人力、信息等输入转变成最终的产品/服务，这是运作管理中最具挑战性的任务之一。几十年来，许多工厂为了简化这项任务，使用了看板（Kanban）、定量在制品（ConWIP）、对偶单元授权卡片交叠回路（POLCA）等卡片控制系统。这些系统能简单、直观地控制产品和/或服务流程，帮助车间降低库存成本，缩短生产周期。然而，仍有许多车间并未采用卡片系统，有些车间采用了但效果不好，或者没有达到宣传的那种效果。我们认为，出现这些情况，原因在于他们采用的解决方案没有针对车间控制问题的特点。

学术研究中的一个典型做法是首先提出一个具体的万能解决方案（尤其是看板系统），然后对产品/服务控制问题（下文简称“控制问题”）加以调整，使之符合解决方案。换而言之，先提出解决方案，再决定控制问题。由于可供选择的解决方案有好几套，管理者不得不做出选择，然后对控制问题做出相应调整，这样才能用选定的方法来解决。这似乎有悖常理，一般都是先诊断问题，再拿出解决方案。虽然控制问题和/或解决方案可能仍有必要加以调整，但从这里入手效果会好得多。

因此，本书不同于典型的做法——我们首先介绍的是控制问题，而不是控制问题的解决方案。本书概述如何对典型的制造车间和服务供应商遇到的问题加以描述，这样就便于诊断问题。接下来我们对四种备选的卡片控制解决方案展开讨论，每种方案可解决一种专门的控制问题。这样一来，每种卡片控制系统到底如何运作也就一目了然了。

本书前四章为问题诊断奠定基础。首先解释我们理解的生产/服务系统是什么。在此，我们明确了卡片控制系统的功能，即一般情况下，它可以做什么，不能做什么。接下来，我们探讨本书讨论的所有卡片控制系统潜在的通用原则——输入/输出控制，有了这个原则，车间投入率可以与产出率保持一致。输入/输出控制稳定了系统的工作量，但不能控制车间订单投放的先后顺序（因此也不能控制订单进度），该顺序由调度规则决定，这个问题我们在第三章讨论。第四章探讨控制问题诊断的四个标准：

1）按库存还是按订单，即是否先有需求然后再生产。

2）顾客渗透点（或存货/订单分离点），即物料分配给顾客和创建“订单”是在生产/服务过程的哪个阶段。

3）工艺流程可变性，即生产产品所必经的车间顺序和数量的可变性。

4）加工时间可变性，即在生产/服务过程中完成每道操作的时间可变程度。

接下来的三章（第五～七章）逐一探讨三种“传统”的卡片控制系统：看板、定量在制品及对偶单元授权卡片交叠回路。除了这三种“传统”卡片控制系统，本书也是第一本讨论以下两个方面的书：

1）COBACABANA——卡片导航平衡控制系统，一套针对生产定制化产品的复杂车间的系统（第八章）。

2）如何用卡片估算交货期或交货期限（第九章）。这大大扩展了通常局限于车间工作控制的卡片控制系统的使用范围。这样，卡片控制系统就是一套完整的解决方案，完全不需要用软件方案去支持招标（或投标）和接收订单等更高层次的规划。

四种卡片控制系统（看板、定量在制品、POLCA 和 COBACABANA）都对症下药，这意味着每种系统的特性都决定了它的适用性。我们探讨各种系统功能的时候，便会了解它们相对于问题诊断标准能起到什么作用。我们会评价为什么一个系统适用于某种控制问题，并讨论为什么它就不适宜于解决其他问题。因此，我们不但关注各种系统能做什么，也关注它们不能做什么。

尽管我们是一个个地讨论这些系统，但有一点很重要，并且必须要强调，那就是在必要的时候这些系统也可以联合使用，比如可以采用嵌套式解决方案。这个问题将在第十章予以讨论。另外，这一章还将不同卡片控制系统进行对比，概括了以下三个问题：

1）各种卡片控制系统的结构差异，即信息从哪里“流”出，又“流”向哪里。

2）各种卡片控制系统的不同含义，即何种信息在“流”动。

3）需要信息技术支持的程度。

我们把这些系统特征和典型的控制问题特征进行对比，探讨对于不同卡片控制系统在实际操作中的意义。这可以帮助你选择最适合你车间的解决方案。另外，附录提供了各种系统的简短总结——算是一种速查表。本书整体结构如图 0－1 所示。

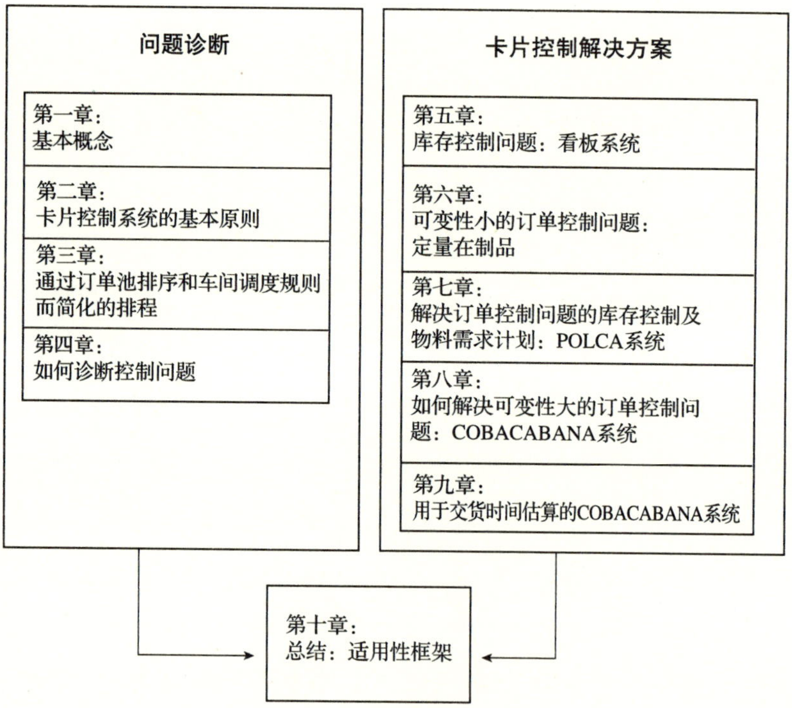

图 0－1　本书整体结构

本书试图综合实践和理论研究。这缘于企业界和学术界的一场轻松愉快的讨论，参与讨论的是三位作者：马克·史蒂文森和马提亚斯·杜雷尔代表学术/研究界，而查尔斯·普罗兹曼则具有极为宝贵的实践经验。本书虽然是为从业人员编写的，但并不是典型的“管理书”，更准确地说这是一本介绍卡片控制系统初级阶段的研究类图书，读者对象是管理者。因此，我们希望本书也能对研究者、学生及所有对运作管理这个充满挑战的领域感兴趣的人有所裨益。

最后，在本书开篇之前，说明本书不涉及哪些内容是极其重要的。首先，我们不强调卡片控制系统以往的研究结果，因为只有选择正确的解决控制问题的系统，才能取得成效——让你相信实现不了的效果是没有任何意义的。其次，我们也并不重点描述详细的实施蓝图，因为没有哪一种办法对所有组织都管用——这些组织千差万别。不过，我们希望本书能在问题诊断中提供指导，帮助你找出适用于你的控制问题的解决方案。但本书提供的解决方案也并不是“一刀切”。是的，这些方法提供了奠基石，但有一点极为重要，那就是要养成习惯，不断观察你们车间的流程，从而发现解决问题的方案。在结束前言之前，我们引用丰田生产体系创始人大野耐一的一段话：

“不管碰到什么问题，我都要问五遍为什么。丰田的这个工作程序实际上是在丰田佐吉一贯注意观察的基础上提出来的。我们谈论改进工作，但如果不熟悉生产的每一个环节，我们将毫无收获。如果你整天在生产车间，注意观察，你终究会知道要做什么。这一点怎么强调都不为过。”（Ohno T，1988）

前言参考文献

Ohno，T.，1988，*Toyota Production System：Beyond Large-Scale Production*，1st Ed.，Productivity Press.

致 谢

很多人与我们一起为复杂车间探索简单而有效的控制方法，谨致谢忱。虽然我们是本书作者，对书中内容负有全部责任，但书中大部分想法都是在与他人合作和“无休止的”讨论过程中产生的。这些人包括（排名不分先后）：Martin J Land、Lawrence D Fredendall、Cristovao Silva、Linda Hendry、Steven A Melnyk、黄国全、屈挺、Hermann Lödding、Moacir Godinho Filho、Ivan Tomašević、Thomas Maschek、周硕彦、Pedro JM Martins 和 Joana BV Marques 等，恕不一一列举。

插图目录

表格目录

目　录

第一章
基本概念

本章重点

- 概述生产/服务系统及实施的业务操作/流程的概念。
- 概述卡片控制系统能做什么。
- 概述卡片控制系统不能做什么。
- 说明用卡片控制系统而不用最新技术的几点重要原因。

本书将令人耳目一新。以往的著作一般都是先讲一个具体的卡片控制系统，然后说明使用的环境，认为他们提出的解决方案就是最佳的。这种做法是先提出解决方案，后确定问题。

本书正好相反，我们首先讨论如何诊断问题，然后介绍一系列可选方案。这么做似乎更合逻辑，但也复杂得多，因为我们不可能一开始就介绍一套明确的解决方案。具体地说，我们首先要为诊断车间面临的问题奠定基础；我们这么做，是因为大家都知道这是个非常复杂的问题：

> 协调产品/服务流程，经过你们车间的一系列产能资源将物料、人力、信息等转变成最终的产品/服务。

从现在开始，我们称之为“控制问题”。这个问题很复杂，因为资源一般都比较紧缺、有限，同时不同产品/服务流通常会争夺同一资源。

开始诊断问题之前，我们要介绍一些基本概念。首先，我们要知道什么是生产/服务系统，这样就能弄清卡片控制系统在支持该系统时能起什么作用，不能起什么作用。还有一点也很重要，为了让读者不至于犯糊涂，我们会自始至终采用相同的概念。也许你会觉得本书专业性比较强，请稍稍忍受。我们会用大量的“休息一下”给你一点放松的机会，慢慢消化所讲的内容，也许你还能把这些内容跟自己车间的实际结合起来。

我们为一些概念下的定义，你可能同意，也可能不同意，这很正常。生产/服务系统本来就没有什么“正确的”定义，重要的是让读者理解我们在本书中是如何定义并使用这些概念的。只有这样，你才能明白我们为什么要这样诊断控制问题（然后采用最合适的解决方案）。我们现在就开始吧！

什么是生产/服务系统

我们从生产/服务系统的构成入手。首先从产品/服务角度出发，这样就可以通过产品/服务流描述生产/服务系统。通常都是一开始讲输入到产品/服务流，我们不走寻常路，先讲最重要的环节——顾客。现在我们给本书用来描述产品/服务流的五个首要概念下定义：

（1）顾客　公司的一个主要目标是赚钱。环境责任与社会责任同样重要，但是公司追求利益也是无可厚非的。赚钱便意味着某人愿意为某物花钱。这里的“某人”是指顾客，“某物”是指产品/服务。尽管我们说要有人愿意花钱，但是有时实际的支付行为却没有产生。比如说，“某人”是一个公司、部门或项目的内部顾客。

（2）产品/服务　输出指的是你销售的某个产品/服务或某些产品/服务。产品销售不了就会报废；服务销售不了就是浪费时间（而时间就是金钱）。产品需要生产，服务需要提供，于是就要发生一些转化行为。这种转化行为我们称之为工作。

（3）过程 大部分的工作都比较复杂，需要细分为不同的任务，在不同阶段执行。我们认为一系列相互关联的任务或**操作**就是完成工作（完成转换）的一个过程。《美国传统词典—大学版》将过程定义为“带来结果的一系列行动、变化或功能”。我们所说的结果是产品/服务。只有转换行动才能称为工作，其他行动（或者是不采取任何行动）都可以称为操作浪费。

（4）输入（供应） 每个过程都需要输入，即用于转化的东西，我们称其为供应。供应可以是钢材、病人、披萨面团，甚至是印书的纸。输入，即我们所说的供应，总是先于过程。

（5）供应商 供应商即为过程提供输入（供应）的人或物，无论是物质产品、信息还是想理发的顾客。跟顾客一样，供应商可能是本公司、部门或项目内部员工。

上述五个概念可用于描述任何产品/服务流，通过简单的 SIPOC 分析就能在实践中一一辨别出来。这种分析很简单，你只需要问问自己，是谁提供（Supply）了什么输入（Input），用于什么样的过程（Process），生产了什么样的输出（Output），是为哪个顾客（Customer）生产的。所以这种分析称为 SIPOC 分析。举例如表 1 - 1 所示。

这五个概念——供应商、供应（输入）、过程、产品/服务（输出）和顾客关系到产品/服务流的不同阶段或位置。事实上，我们的每个供应商和顾客都有自己的一套过程，因此我们可以为他们单独再造一个分析表。换句话说，这种分析可以在不同的层面上进行，无论宏观还是微观。还能用来分析我们供应商的供应商，顾客的顾客（如果我们的顾客不是最终顾客）。同样，我们可以在过程的每道操作中进行类似分析。我们选择采用的视角也称为分析层次。

表 1-1 SIPOC 分析举例：披萨制作过程

供应商	输入	过程	输出	顾客
仓储	原料	生产美味的披萨	做好的披萨	你
	输入指标/规格	资源	输出指标/ 规格	
	产品结构：	和面	产品结构：	
	产品类型：	放奶酪	产品类型：	
	数量：	检查	数量：	
	顺序：	烤披萨	顺序：	
	供应周期：	…	供应周期：	
	供应地点：		供应地点：	
	包装：		包装：	
	…		…	

分析层次：每个组织都有一个垂直结构（有可能是其他组织供应链上的一部分）；组织内部部门与部门之间可能也有一个供应链，各部门有本部门的不同工位，诸如此类。每个层面上都存在产品/服务流。进行问题诊断的垂直结构上的平面称为分析层次。

根据在检测产品/服务流时涉及的分析层次，我们将主要谈论供应链管理、运作管理和工作设计。

供应链管理：供应链管理连接不同产品/服务流。这些产品/服务流可能是内部的（一个组织内）也可能是外部的（不同组织之间）。由此可知，既有内部供应链也有外部供应链。

运作管理：运作管理主要关注内部；管理独立的产品/服务流，使其经过一系列的转化资源。

工作设计：关注单一操作内的过程。

本书主要着眼于运作管理，重点关注“车间”。车间即完成工作的场所，是过程实现的物理场所。它可能是机器车间、医院、餐馆、酒店、银行、客服中心等。

> **休息一下：**卡片控制系统主要用于生产环境，在其他环境使用有限，原因之一是把那些优秀的做法扩大到其他非生产环境，比如医疗保健运营甚至是生产公司的后勤工作，这样的需求是最近才得到认可的。如果本书自始至终对制造业都抱有某种偏爱，也希望你能理解。这仅仅是偏爱，绝不涉及它本身的适用性。例如，我们探讨丰田公司汽车生产的装配问题，其中的道理同样适用于医院，因为病人就医也需要各种服务。

“车间”这一概念的提出为控制问题提供了不同的视角。上面我们重点考虑的是产品/服务流。运作管理是对流经同一转化资源的独立产品/服务流进行管理。这些（产品/服务流所“流”经的）资源一般都有特定的位置。所以，我们来介绍一些重要概念，描述作业的操作位置，即产品/服务流实际出现的位置（见图1-1）。不过先休息一下，看看我们怎样用“流”这个词的比喻义。

> **休息一下：**很显然，产品通常不会在资源中流动。当然，在化学工业或生产软性饮料的时候，产品的确会流动。但是一般而言产品都是单个的实体，所以会在资源中移动。在每一种转化资源那里都会发生某种转化行为。然而，我们认为产品流经不同资源的想象可以很好地帮助我们设想什么是生产/服务系统。事实上，运作管理的某些定律都直接来源于流体力学。

工厂：工厂是完成操作和辅助工作的物理场所，给产品/服务流带来物理约束。公司一般会根据顾客需求成立工厂，即工厂是专门服务于特定顾客群的。例如，你的公司也许在不同的城市都拥有一个工厂，或者是在同一城市拥有两个工厂，但每个工厂都为不同的顾客或市场生产产品。

车间：车间是进行操作的物理场所，是工厂（上文有定义）的一部分。车间可能生产不同的产品，提供不同的服务。这些产品/服务所走的流程和工艺路线（即下文提到的工位顺序）可能大相径庭。

工位：工位是进行操作的物理实体或地点。一个车间通常包含数个工位。车间工位的安排称为布局。

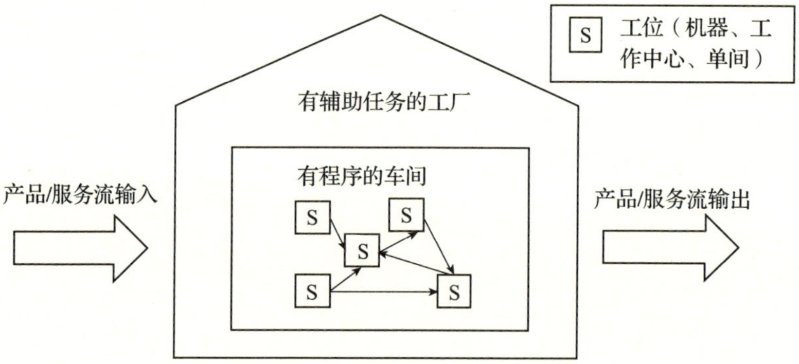

图1-1　产品/服务流流经过程得以完成的物理地点

休息一下：我们从产品/服务的角度来定义操作，即生产过程就是输入（产品、人力等）经历的一套环节，它涉及一系列操作。工位即操作发生的场所。

本书中通常用到的“工位”一词，也可指工作中心、单间、病房等，主要看分析层次（或单位）和需要完成的产品/服务过程的特点。这就像“操作”的定义一样，操作可以是一个工步、两个工步甚至一百个工步。不存在一清二楚的定义。

但是有一点很重要，必须区分操作与工位——卡片控制系统就是要调节工位之间的操作（也就是产品/服务过程）。由于卡片总在工位之间循环，所以操作会受到工位的约束。听起来很复杂，但随着本书对卡片控制系统讨论的不断深入，这些都会简单明了起来。

至此，我们已从两个视角考察了生产/服务系统：一是产品/服务流；二是完成工作的物理场所。物理场所会对可用资源产生限制。从产品/服务流的角度来看，SIPOC 分析可以确定顾客对于系统的要求，即供应商与顾客（不论你把他们看成组织内部的人还是组织外部的人）之间所发生的一切。因此对于系统的需求有以下几点：① 需要何种供应；② 需要适应什么样的过程；③ 要达到什么样的产品/服务特征（比如从质量来看）。如果在同一车间生产不同（种类）的产品，应当为每个（类）产品进行单独的 SIPOC 分析。

接下来，我们将采用第三种视角，看看如何描述实际的转化过程，即业务操作。

休息一下：我们以餐厅为例说明三种视角的不同。每家餐厅都有厨房，厨房是食物流经的地方，厨师根据顾客点单把各种配料烹制成美味佳肴。供应商提供输入（蔬菜、肉类等）来满足需求；而这些输入经过一个过程变成输出（一道美味佳肴）提供给顾客。SIPOC 分析为我们提供每盘菜的食谱，确认烹饪场所（在这里即指厨房），告诉我们可利用的人力、物力资源（炉子、主厨等）和在物资流动中的物理约束。接下来，我们把目光转向实际的烹饪过程。人们往往是从烹饪过程开始，但是我们（作者）做的很多菜都很难吃，这就给我们上了一课，那就是，必须首先了解食谱和厨房的情况。所以本书一开篇我们先讲这两个视角。

什么是业务操作/流程

为了充分描述业务流程，我们首先要知道何为业务操作。完成业务操作所需的三个要素如图 1 - 2 所示。

（1）转化资源　转化资源即设备产能、车间设备（如计算机数控设备、数控机器、计算机断层扫描仪、磁共振扫描仪、复印机、披萨烤箱等）及人力资源（操作者、员工、医生、护士等）。

（2）被转化资源　被转化资源即已经转化和/或有待转化的物料、人或信息。

（3）资源需求　资源需求即对于用到转化资源和被转化资源的产品，顾客（在质量、规格等方面）有什么需求。

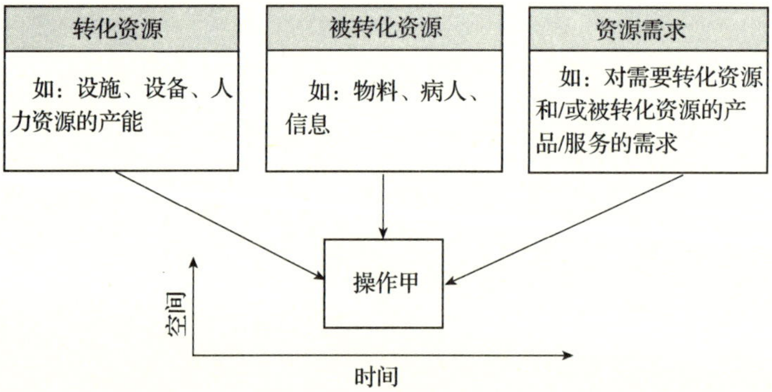

图 1-2　进行操作所需的三个要素——转化资源、被转化资源及资源需求

转化资源（产能）：转化资源即实现一定的行为、变化或功能以取得相应结果的资源。该资源可以是机器或人力（或一般的生物）。

休息一下：我们已经介绍了作为实施操作地点的工厂/车间/工位和实际转化资源之间的区别。本书不做明显区分，因为卡片控制系统假设转化资源（机器或人）在操作地点等候所有被转化资源（如产品、病人）。但是众所周知，该假设不一定都靠得住。例如，我们在制造大产品（如造船）的时候，或转化资源也需要进行调整的时候，比如在手术室（工位），我们要控制被转化资源（病人）和转化资源（外科医生）的流动。通常，我们会先安排医生手术时间，再对病人流动进行协调。

被转化资源（库存和在制品）：被转化资源是接受行动的资源，如物料、人（如病人）和信息等，即要被转化的资源。本书区分三种不同的被转化资源：

1）生产过程之前的被转化资源，即供应。

2）生产过程中的被转化资源，即在制品库存。

3）生产过程完成后的被转化资源，即成品库存。

资源需求（顾客需求）：顾客愿意为生产买单。生产是一系列的操作，一项操作需要一系列特定的转化资源和被转化资源。因此，我们认为顾客需求即资源需求。

三项要素缺一不可，否则操作无法进行，还会产生某种形式的浪费，如库存浪费（当被转化资源等待转化资源和/或资源需求时）、等待浪费（当转化资源等待被转化资源和/或资源需求时）或生产过剩（当被转化资源等待资源需求时）。

因此，转化资源、被转化资源和资源需求应在时间、空间和质量上同步。只有能达到协调完美，业务流程（即一系列操作）才能高效运转，也就是说，在对的时间、对的地点完成对的操作（依照顾客需求），但是这样的情况少之又少。实际上总会产生某种形式的“浪费”。时间、空间的协调就是**生产控制系统**（不论是否属于卡片控制）的任务。质量控制的任务就是保证要素符合质量标准。

卡片控制系统：卡片控制系统是协调一系列业务操作（即业务流程），使转化资源、被转化资源和资源需求同步的生产控制系统。本书谈论的卡片控制系统为：Kanban、ConWIP、POLCA 和 COBACABANA（下文会有适当定义）。四种卡片控制系统都包括按照车间作业输出控制作业输入。对工位或车间输出的反馈一般都由卡片（或其他能交流或传递指示信息的物理方式）来提供。卡片控制系统因此而得名。

卡片控制系统控制的是什么

管理的主要目标之一应该是减少浪费，因为减少浪费能提高利润和市场份额。

以上这段话你也许早已耳熟能详，但是如果你问别人什么是浪费，大家的答案都不尽相同。事实上，我们怀疑由于人们在谈论浪费时各有各的理解，很多人早已把这个概念抛诸脑后。与之相反，我们认为，若是“浪费”得到正确的认识与处理，它将威力无穷。更重要的是，本书强调卡片控制系统如何提高生产性能。因此，让我们先从浪费的概念讲起。

浪费：“浪费”一词并没有“正面的”定义，即浪费是什么，但是有“反面的”含义，即浪费不是什么。浪费可以从以下两方面来定义：

1）浪费是一切没有转化成输出（满足顾客需求或达到顾客的支付要求）的系统输入（就转化资源和被转化资源而言），即浪费 = 系统输入 - 系统输出。

2）浪费是一切没有即时产生的输入或转化，即浪费是在转化时机与顾客需求不一致时产生的。过早转化导致生产过剩，生产过剩导致库存积压，物流滞缓等。过晚的转化将无法满足顾客需求。

休息一下：卡片控制系统的重点，即本书的重点是第二种浪费。大野耐一认为，“准时制”是丰田生产体系的两大支柱之一（Ohno T，1988）。

准时的基本含义是转化资源、被转化资源和资源需求都能够在合适的时间，合适的地点，以合适的数量得到使用。不能“延迟交货”是公认的法则（通常盛怒之下的顾客让这一点显得更加清楚），不能过早生产却是大野耐一极具开创性的一个理论。其实，他很担心工人生产过多产品，即生产过剩。为了抑制生产过剩，看板系统应运而生。在大量生产的背景下，生产过剩也许不是个大问题，毕竟最终所有的产品都会被销售出去。但是随着国际竞争与定制化的出现，这样的情形和工厂大多都消失了。

丰田生产体系的另一支柱是自働化，或具备人脑智慧的机器；门田认为，自动化主要涉及自动缺陷控制，自动缺陷控制能在流程中自动诊断异常情况（Monden Y，1983）。因此自动化是指确保转化资源和被转化资源达到质量标准的一项技术。

浪费类别：根据浪费在系统中的位置，大野耐一将其分为7类（Ohno T，1988），见表1-2。新乡重夫根据我们是强调车间内的被转化资源，即产品/服务流，还是强调用于实现转化所采取的操作，将浪费划分为两个维度（Shingo S，1989）。前者称为流程浪费，后者称为操作浪费。

表1-2　基于大野耐一和新乡重夫的7种浪费

7种浪费	定义	举例（制作奶酪三明治）
等待	操作的一部分。转化进程中的一切延迟行为	你准备往三明治里放奶酪，但你的妻子走过来挡住了冰箱，于是你得等待
生产过剩	操作的一部分。预计的过程转化、生产过多	在你的妻子挡住冰箱的间隙时间，你又开始做一个三明治准备明天吃
多余动作	操作的一部分。一切不能用于转化产品/服务、增加价值的动作	你准备好了整个三明治，但是忘了放奶酪，又打开往里放奶酪
过度加工	产品/服务流的一部分。生产对于顾客而言的无用品。要先做价值工程与价值分析。我们不仅仅关注效率，更关键的是要问为什么要生产该产品/服务，为什么要运用该方法	你把奶酪融化了，但是你的妻子并不想要融化的奶酪
运输	产品/服务流的一部分。物料或产品的任何移动	你把奶酪三明治从工作台拿到冰箱，放到冰箱顶部，再去拿奶酪，然后把三明治放回到工作台
库存	产品/服务流的一部分。在制品（及相关的过程延迟）、成品库存	你有好几个等待加奶酪的三明治，有些等待包起来，有些包好了等待装袋
不合格品	产品/服务流的一部分。一切废品，需要返工或报废	噢，你忘了放奶酪

休息一下：卡片控制系统将矛头对准库存浪费、等待浪费和生产过剩。其中，它是用这样的两种方式影响等待浪费：一是减少，二是推迟。假设一个工厂无法以100%的利用率运转（十有八九），转化资源就会需要等待（如出现供应不足或闲置）一段时间（100%减去利用率）。在当下已有工作开展的时候，转化资源不需要等待，这是至关重要的。但是，如果当下没有合适的工作在开展，等待浪费比生产过剩可取。这也是大野耐一强调的主要观点。在两种不同视角之下，等待浪费与库存浪费之间的区别才会清晰起来。等待的被转化资源（即产品/服务流）称为库存浪费。转化资源如果在等待称为等待浪费。上面我们把生产控制定义为协调产品/服务流程经过一系列资源的时候，讨论过这两种维度。

没有丝毫浪费的系统是理想化系统，它的转化资源、被转化资源及资源需求在正确的时间和正确的地点相遇，数量及质量正好合适。但这种系统实际生活中是不可能存在的，只要存在（供给、需求、质量等）可变性/不确定性，就必定会有某种形式的浪费。一定程度的可变性/不确定性是不可避免的。因此，基于可变性/不确定性，我们将进一步定义两种浪费。

浪费类型：我们可以定义两种浪费。

（1）明显浪费（甲类浪费）　不造成其他浪费也能减少的浪费。

（2）缓冲浪费（乙类浪费）　不造成其他浪费就无法减少的浪费。

甲类浪费举例：由于不合理的车间布局或工作设计，带来不必要的重复性的人员移动。同时，缓冲浪费（乙类浪费）吸收了霍普和斯皮尔曼的观点，认为只要存在可变性，就会有一定程度的缓冲（Hopp W J，M L Spearman，2004）。试图减少由可变性/不确定性导致的浪费，却不减少可变性/不确定性的根源，只会产生另一种形式的浪费，也许是在系统中的同一处或另一处，这种浪费称为浪费迁移。

浪费迁移：如果在不减少可变性/不确定性的情况下减少缓冲浪费，浪费就会迁移，即它会在系统的另一处出现，或系统可能产生另一种形式的浪费。

休息一下：这两种浪费的不同在实践中至关重要。例如，大野耐一认为，一家公司只有转化资源、被转化资源和资源需求之间的协调天衣无缝，才能达到零库存。其他公司都会产生其他形式的浪费；它们也许能达到“零库存”，但绝不是“零浪费”。

出现浪费迁移，减少库存就成了一个活动目标；许多公司试图通过零库存来提升协调能力，结果事与愿违，原因恐怕就在这里。卡片控制系统会改变两种浪费：明显浪费和缓冲浪费。但是，减少缓冲浪费需要减少一定程度的可变性。怎么办？我们将在第5~9章讨论各种卡片控制系统时揭晓答案（如通过车间工作负载状况的反馈回路、避免供应不足或平衡负载）。

你也许会问，我们为什么要谈可变性/不确定性，而不是只谈可变性。下面我们来说说可变性与不确定性的区别。

可变性：可变性是指任意值与平均值之间的偏差。

不确定性：不确定性是指意外情况发生的可能性或危险性。

例如，狂欢节或复活节是哪一天有很大的可变性，但不确定性极小。可变性是一系列测量值或测量数据（独立于现实世界）的性质。不确定性指的是这些数值/数据（把数据与世界连接在一起）的有效程度。为求得最小可变性，我们可以充分利用缓冲浪费，但就不确定性而言，那就看管理者愿意承担多大的风险。可变性与不确定性通常又称为可预见的可变性和不可预见的可变性。怎么叫无所谓，重要的是要认识到两者的区别。

休息一下：系统中的库存量与感知到的固有风险一般成正比（Beer，1994）。库存过多或过少都可视为风险。库存过少有无法满足顾客需求的风险，库存过多有出现废弃物的危险。这也称为报童问题，即拿卖报人做类比：面对不确定的需求，卖报人需要确定储备多少份当天的报纸，因为他知道到了晚上，所有卖不出去的报纸将分文不值。

减少浪费：以上所述可看作一个三维的浪费网络，如图1－3所示。每种浪费范畴/类型都需要不同的减少/消除措施。总的来说，有以下三种相互关联的减少浪费的办法：

1）清除明显浪费。

2）减少可变性和/或不确定性，把缓冲浪费转变为明显浪费。

3）平衡或转换缓冲浪费，力求达到更好的性能指标。

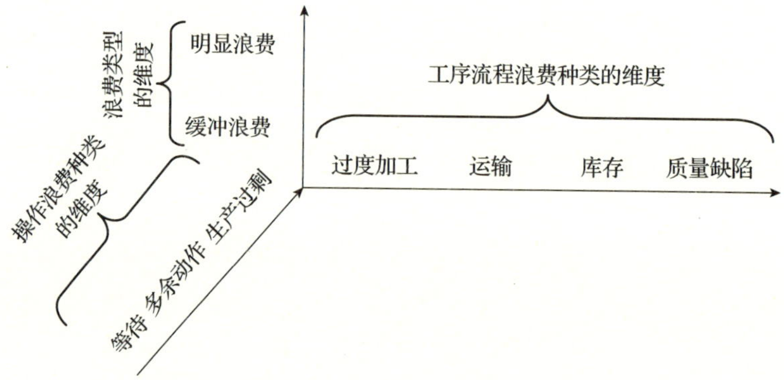

图1－3　浪费维度——拓展的新乡重夫三维浪费网络

> **休息一下**：各种卡片控制系统旨在通过被转化资源（物料、人力、信息等）、转化资源（人力、机器等）和资源需求（顾客需求）的协调实现上文中所讲的第二条目标。它们会考虑如何减少库存浪费、等待浪费和生产过剩浪费。但是，像过度加工、质量缺陷和移动浪费等类型的浪费不会受到直接影响。所以常常还需要其他工具和/或措施（如精益生产、质量管理）的支持。

上面我们认为零浪费是理想化的系统。因此，我们必须引入另一个重要概念，这个概念会为你的工厂，因而也是为卡片控制系统提供目标条件，那就是浪费宽放。

浪费宽放：浪费宽放是指顾客所允许的浪费。这一般是双方协商的结果，如价格和交货时间（即顾客期望得到产品/服务的时间）。前者考虑到浪费和实际成本（顾客价格 = 直接物料 + 直接人工 + 浪费），后者考虑到浪费及其导致的加工延迟（顾客交货时间 - 顾客下单时间 = 时间宽放）。

休息一下：价格宽放的一个例子是成本企划。例如，丰田公司生产1000 美元小汽车的时候采用了许多减少浪费的手段（Hino，2006）。并且在点披萨时任何一位顾客都会了解交货时间宽放。下文中我们会发现交货时间宽放大于（近似于）零的情况只存在于特殊的企业中，如那些装配、生产、制造、“按订单”提供服务的企业。对于“按库存”（从库存出货）提供产品的企业，顾客希望他们是零交货时间（当然要除去运输时间，这属于控制问题之外的问题）。

同时，成本宽放引出另一个重要问题。上文介绍的浪费种类是从操作角度下的定义，但就财务影响而言可能存在重大区别。例如，一台正在等待的机器（已购买）和一位正在等待的工人都是等待浪费，但是对于这台机器而言，你可能只有一次购买开销，若干年后，这些资本就贬值了。同时工人的工资一般都会不断上涨，并且必须每月支付。因此，大野耐一引入了一人控制多台机器的概念。丰田公司通过提高机器产能（等待浪费）从而减少人力。于是，在保持同等成本（一名工人的工资）的同时很容易对产能进行调整（就一名工人操控的机器数量而言）。

减少浪费不能作为一种独立的手段，而应该被用以获得更具竞争性的浪费宽放，进而为顾客提供更好的服务。

为什么用卡片控制系统而不用最新技术

你也许想知道为什么要在卡片控制系统上耗时费力。毕竟我们生活在一个数字时代，有健全的物联网、企业资源计划系统、高级计划与排产技术系统等。

这引出了两个问题：

1）为什么要用卡片控制系统？

2）为什么要用卡片？

卡片控制系统非常简单（但极其有效）。在下一章中，我们会发现它的主要特点在于反馈回路，反馈回路保证只提供需要生产的产品和服务。与其盲目追随生产计划（尽管当下的局面已与原定计划截然不同），不如用实际情况中的反馈来指引正确的选择，这个道理似乎很明显。我们都知道，最新的企业资源计划软件的基础是控制生产/服务，但是你想过控制生产/服务背后的逻辑是什么吗？通常这种逻辑都不怎么清晰，这些系统对用户来说可能一直都是一个“黑匣子”，因为这些用户被配置软件的顾问或更新（通常是没有更新）系统程序的人牢牢掌握在手中。

休息一下：你应该始终记住一点，大部分计划软件的目的是为了销售（你可以创建一个 SIPOC 分析图，把自己设为顾客）。所以需要不断发明新东西，尽管有现成的解决问题的方案。请扪心自问，从一个公司的角度，你是想要一辆经久耐用的车，还是一辆虚有其表，每走 1000km 就坏一次的车呢？企业资源计划系统很花哨，但是支撑其物料需求计划的逻辑理论的方法从 20 世纪 70 年代传入以来就没有太大变化。科技飞速发展，但是系统中包含的生产控制理论却并没有发展得那么快。

因此，上文第一个问题的第一个答案是，卡片控制系统根据对实际情况的反馈生产所需产品，提供所需服务，这样更合理。

上文第一个问题的第二个答案是卡片控制系统易于实施。事实上，我们只需要卡片的反馈回路，一般不涉及复杂的计算（即隐藏于复杂的软件编码后）。

上文第一个问题的第三个答案是，比起软件，卡片控制系统极为便宜，而且精准得多。并且，无须更新、打补丁，无须新版本或新服务器等。也没有人可以入侵你的卡片系统。事实上，软件的缺点就是需要不断更新，这需要花很多钱，况且也不会平稳运行。实际上，软件使用是永无止境的，因此软件公司才能维持下去。想找到（或设计）一个适合你的卡片控制系统，只读这本书就够了。当然，要实现书中的一些想法也是要花费时间和精力的，任何改进和创新都是如此。

再有，电脑意外关机也不会影响你的生产。同样，令人胆战心惊的千年虫问题在卡片控制系统面前也不成问题。

休息一下：你应该始终记住一点，你投入一个控制系统的目的是解决问题，不是创造新问题。如果你用了一个新系统，结果为了安装、运行反倒惹出更多的问题，这样做是没有意义的。

让我们讨论第二个问题。答案显而易见。

首先，卡片是直观的物理实体。事实上，物联网和工业 4.0 上用到的无线射频识别装置和其他传感器，它们的基本功能就是提供反馈，这跟卡片很相似。不过它们只提供位和字节，即数据。

其次，卡片始终会提供信息。你想过吗，最新信息技术将所有数据积累起来（如果能成功的话）会出现什么情况？只要看看最新招聘网页就明白了，人们渴望能有个大数据分析师从那些数据中提取某种信息。而一旦你得到那些信息，它还会是正确的信息吗（即你正好需要的信息）？卡片提供必要的信息，简单直观，随时可以提供。

休息一下：卡片是实物这一点也许微不足道，但是我们认为至关重要。卡片可以确保信息不丢失，因为有一张卡片或者丢了一张卡片我们都不会忽视。一张卡片放在哪里或者后来不见了，这是实实在在的事，我们都会注意。

当然卡片也有缺点，需要通过移动来传递信息。这时，物联网提供的新科技也许能帮上忙，但前提是要维护卡片功能（需要的是直观信息）和卡片控制系统功能（务必简单）。事实上，卡片控制系统不仅不能被新的技术所替代，反而可以丰富物联网结构，促使物联网有效用于生产控制。

换言之，你能保证信息技术系统提供的额外数据和信息就是有用的，而不仅仅是生产过剩浪费的吗？或者，就像是 20 世纪 80 年代计算机开始风靡全球时，大野耐一提出的拷问一样：

“以异常快的速度提供不必要的信息就真的经济吗？这就像购买一部生产过多产品的大型高性能机器一样。多余的产品只好存放到仓库，这样会提高成本。计算机产生的很多过剩信息根本上就不需要。”（Ohno T，1988）

最后，表 1－3 总结了使用卡片控制系统的必要性。

表 1－3　使用卡片控制系统的必要性

为什么应该使用卡片控制系统	为什么应该使用卡片
• 利用对车间现场的反馈 • 保证只提供必要的产品与服务 • 使用简便 • 逻辑清晰直观	• 卡片很直观 • 卡片随时为需要生产的产品提供必要的信息 • 避免信息过剩 • 简单 • 便宜

总结——卡片控制系统做什么（与不做什么）

卡片控制系统的目的是协调转化资源、被转化资源和资源需求，以便准时高效地完成生产过程的各个操作。它是实现丰田生产体系的两大支柱之一——准时制（另一个是自働化，或具备人脑智慧的机器）的一种手段。但是它也不是万能药！事实上，只有在其他精益生产、质量管理手段的帮助下，它才能发挥作用。

接下来我们谈谈关于卡片控制系统的主要误区——它们不做什么。

1）卡片控制系统不保证质量。它们可能会通过减少在制品水平对质量产生积极影响，仅此而已。保证质量属于全面质量管理或六西格玛的范畴。

2）卡片控制系统不提升流程的有效性。换言之，它不能保证提供给工厂的资源需求实际上就是顾客需要的。通常生产什么产品，即资源需求是由设计与管理或市场营销决定的。

3）卡片控制系统不提升操作本身的有效性，即减少不必要的动作。这是动作研究、改善工作设计或改善产品设计的任务。

4）卡片控制系统不会让原本不可靠的设备变得可靠。这是全面生产维护等的任务。

5）卡片控制系统不会减少运输浪费或转换时间。这是工作场所组织方法（如5S管理：整理、整顿、清扫、清洁和素养）及快速换模等的任务。

休息一下：本书讨论卡片控制系统的优势，所以你可能想知道为什么我们这么强调系统不能做什么，而不是“叫卖”它们能做什么。这要从本书的前提说起。你一定要明白，卡片控制，即业务操作/流程的协调，是你们公司问题的根源。你们公司的目标应该是不断地、可持续地减少浪费。卡片控制系统只是解决这个问题的一种（也许是必须的）手段。如果你们的问题是质量问题或设备可用性问题，花大量精力实施卡片控制系统恐怕暂时还不是合适的办法（尽管它能配合其他方法解决这些问题）。

还有一点对本书的前提也很重要，那就是我们应该了解卡片控制系统实际上能做什么。

1）卡片控制系统使用反馈回路，实时更新车间现状，降低控制决策中的不确定性。

2）卡片控制系统协调系统中的产品/服务流。改善产品/服务流意味着减少库存；牢记被转化资源流的任何延迟都是库存浪费。卡片控制系统可减少明显库存浪费，并通过改进协调（即减少可变性）减少缓冲库存浪费。

3）卡片控制系统根据转化资源的可用程度协调产品/服务流。这顾及了等待浪费的推迟。在大部分工厂，等待是必然的。只有100%使用率的工厂才没有等待；但是这样的工厂很可能有库存浪费（被转化资源延迟）或生产过剩（按预期的转化）浪费。

4）卡片控制系统减少等待浪费，即解放产能。等待是明显浪费，意味着这样的浪费是可以消除的，只要转化资源等待的地方没有资源需求。在这种情况下，转化资源就可以用于其他任务，不会妨碍生产流程。

5）卡片控制系统可以避免生产过剩，就像大野耐一所强调的一样——等待不应该转变成生产过剩。尤其是看板系统，通过取消车间中不必要的工作，专门遏制生产过剩。

表1－4所列为卡片控制系统能做什么、不能做什么的要点总结。

表1－4　卡片控制系统能做什么、不能做什么

卡片控制系统能做什么	卡片控制系统不能做什么
• 降低控制决策的不确定性 • 减少库存浪费 • 延缓等待浪费 • 减少等待浪费 • 避免生产过剩	• 保证质量 • 提升效力 • 提升操作效率 • 使不可靠的设备变得可靠 • 减少运输浪费或转换时间

重点回顾

- 概述生产/服务系统及实施的业务操作/流程的概念。被转化资源流经转化资源，通过转化资源得到转化。转化的行动称为操作，一系列的操作就是一个流程，流程的结果就是产品/服务。
- 概述卡片控制系统能做什么。卡片控制系统旨在通过协调被转化资源（物料、人、信息等）、转化资源（人、机器等）和资源需求（顾客需求），减少可变性和/或不确定性。这样，缓冲浪费就转化成可以消除的明显浪费。卡片控制系统会考虑减少库存浪费、等待浪费、生产过剩等现象。
- 概述卡片控制系统不能做什么。卡片控制系统不会直接提升质量或操作效率，不会使不可靠的设备变得可靠，也不会激发工人的积极性。

- 说明使用卡片控制系统而不用最新技术的几点重要原因。卡片控制系统物美价廉，操作简单，进行生产控制成效显著。它们利用对车间实时状况的反馈来控制生产，非常直观，也不需要复杂计算。

本章参考文献

Beer, S. , 1994, *Decision and Control: The Meaning of Operational Research and Management Cybernetics*, John Wiley & Sons.

Hino, S, 2006, *Inside the Mind of Toyota: Management Principles for Enduring Growth*, Productivity Press.

Hopp, W. J. , and M. L. Spearman, 2004, To Pull or Not to Pull: What is the Question?, *Manufacturing & Service Operations Management*, Vol. 6 (2), pp. 133 – 148.

Monden, Y. , 1983, *Toyota Production System: Practical Approach to Production Management*, Industrial Engineering and Management Press, Norcross, Georgia.

Ohno, T. , 1988, *Toyota Production System: Beyond Large-Scale Production*, 1st Ed. , Productivity Press.

Shingo, S. , 1989, *A Study of the Toyota Production System from an Industrial Engineering Viewpoint*, Cambridge, MA: Productivity Press.

第二章 卡片控制系统的基本原则

本章重点

- 概述什么是输入/输出控制。
- 讨论被转化资源、转化资源和资源需求协调的多种途径。
- 概述车间/工位稳定性的一种诊断手段：吞吐量图。
- 强调计划工作量与车间工作量的区别及生产周期与车间生产时间的区别。

本书后面将探讨四种卡片控制系统，即看板、定量在制品、POLCA 和 COBACABANA。本章重点关注这四种系统的共同点，换言之，本章阐述卡片控制系统的一般原则——输入/输出控制和减少库存。

输入/输出控制

四种卡片控制系统都有两大主要原则：

1）输入/输出控制原则：主要负责稳定车间工作量。

2）减少库存原则：减少车间工作量（即在制品或在制品水平）。

休息一下：只要在制品不是马上被转化资源转化，就是浪费。根据第一章内容可知，这可能是明显浪费（这种浪费很容易被清除），也可能是缓冲浪费。为了减少在制品的缓冲浪费，首先要通过输入/输出控制（笼统地说就是使用精益手段）稳定车间的产品/服务流。所以通常情况下，输入/输出控制原则先于减少库存原则。

以上内容与稳定车间/工位的概念紧密相关。稳定车间和稳定工位的定义如下：

稳定车间：在一定时间间隔内，如果车间的工作输入等于车间的工作输出，这个车间就是稳定车间。

稳定工位：同样，如果工作输入等于工作输出，这个工位就是稳定工位。

休息一下：根据我们对流程的定义（即产品/服务经历的过程），运作（流程）是不可能真正稳定的。比如说，运作可能是阅读这段“休息一下”的文字（在阅读本书过程中）。唯一稳定的只有转化资源。就目前情况看，那就是阅读这段文字（本书）的**你**。如果你一开始读的“休息一下”文字（或图书）量等于读完的“休息一下”文字（或图书）量，我们就可以说你是稳定的。前面说过，我们对转化资源和转化资源所在位置的区分比较模糊。我们定义的稳定车间是把车间当作总的转化资源。

在第一种情况下（即稳定车间中），整个车间都会有一个稳定的工作等级。在第二种情况下（即稳定工位中），在工位前等待加工的作业就是稳定的。车间稳定不一定就意味着工位稳定。比如，一个车间有两个工位，每个工位通常有10项在制品订单（因此该车间是稳定的），但是有时可能10项订单都在第一个工位等待，有时又在第二个工位等待。但如果所有工位都有稳定的工作等级，那么该车间就算是稳定的。

但是仅仅稳定是不够的，车间流程还要有效并且高效。

高效流程：如果被转化资源流（产品/服务流）出现零运输浪费、零库存浪费和零不合格品浪费，该流程就是高效的。高效流程与高效转化资源不一样，高效转化资源是零动作浪费、零等待浪费和零生产过剩。

有效流程：如果输出与资源需求相等，该程序就是有效的。换言之，流程产生的产品/服务就是理应产生的，不比需求的差，也不比需求的好。比需求好的产品/服务也算浪费，因为出现了过度加工。

高效流程和有效流程的差别可以用彼得·德鲁克（对管理实践的发展做出重大贡献的咨询大师）的一句名言来转述："高效是正确地办事，有效是办正确的事"。比如，你有一台很好的空调，能高效地将热空气转化为冷空气；但是如果它不能把温度降到24℃以下，就不是台好空调。

休息一下：现实生活中不存在100%的有效流程或高效流程，但是我们唯一能定义的就是这样的"理想类型"（Weber，2014）。试想如果我们说"几乎为零"和"接近于零"会出现什么情况。问问别人这两种说法在测量值上的意思，你很难得到两个相同的答案。有效/高效流程是一种理想状态，能够为你的流程提供一个测量基准。浪费越少流程就越有效/高效。

所以协调要考虑两个条件：车间作业的稳定等级；车间流程的有效/高效。汤普森认为，协调分三种类型：标准化协调、计划性协调和相互协调（Thompson，1967）。

标准化协调：这意味着使资源需求标准化，建立标准化的被转化资源和转化资源，最终三种要素同步进行。这在精益文献中称为标准作业。

标准化协调是精益生产的主要手段。事实上，如果资源需求是标准化的，我们就能使被转化资源和转化资源标准化，从而达到协调。这是大规模生产的主旨所在。如果生产线总是生产同样数量的相同产品，那么我们就能对物料（被转化资源）与产能（转化资源）进行微调，做到天衣无缝。

计划性协调：计划性协调需要资源需求的参与（这一点不言而喻），合理安排被转化资源和转化资源，满足绩效评估的某些指标。绩效指标有很多，比如完工时间（即生产一套产品所需时间）。

标准化协调与计划性协调相互关联。事实上，标准化协调也需要设计一套计划。对我们而言，主要的区别在于资源需求是否标准化。对于计划性协调而言，只要资源需求发生变化，就得重新设计一套方案。计划性协调是物料需求计划、调度（最优化）等的基础。计划性协调会不断制订和修订计划，但是并不检查计划最终实现与否（这属于相互协调的内容，见下文）。一旦制订了计划，作业就被推动起来，所以这些系统通常又称为“推式系统”。因此，计划性协调依赖于十分精确的信息。然而这不是当今大部分物料需求计划系统在实际操作中的强项。一旦信息不精确，行动便会脱离现实，产生严重的后果。

休息一下：只有标准化协调才能达到完美协调，实现零浪费。如果资源需求达到标准化，我们就能使被转化资源与转化资源标准化来实现这个目标。计划性协调就不是这么回事。如果存在可变性，就算我们事先对所有的可变性了然于心（即都是确定的），也总会产生某种形式的缓冲浪费。因此就存在五花八门的优化/调度方法；如果可以做到零浪费，那么所有这些方法都会产生同样的结果，不过这种情况很少见——即便我们事先就知道了需求，也很难产生同样的结果。

相互协调：相互协调通过资源需求、被转化资源和转化资源之间的沟通交流（即信息交换），确保达到某些性能标准，如生产周期、库存水平、延迟等。

相互协调正是卡片控制系统的工作内容，主要通过信息反馈来完成。这好比是在恒温器里建立一个控制周期。恒温器就是对暖通空调系统的反馈，根据需要提供（即触发）制冷或制热功能。如图 2－1 所示，依照浴缸出水量，对其入水量进行控制，浴缸中的水位就能保持稳定。

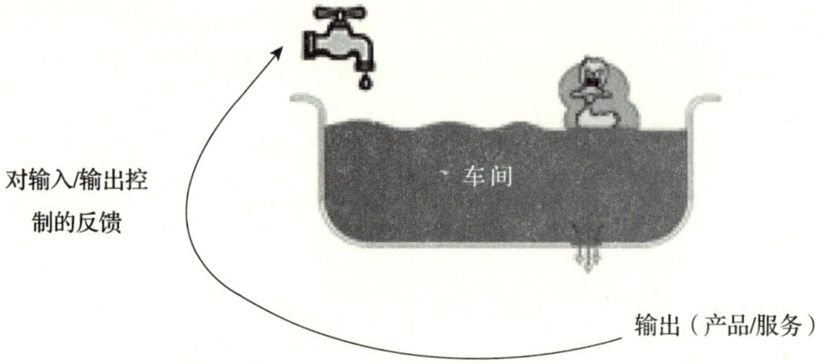

图 2－1　一个简单的控制周期——为了稳定水位，只有先排水（输出）才能进水（输入）

表 2－1 总结了三种协调的类型和相应的控制方案。协调机制取决于资源需求的可变性/不确定性，是必要变异定律的结果（Ashby，1957）。必要变异定律认为，控制方案的可变性（或灵活性）应大于或等于被控制系统的可变性。同样，控制方案的反应能力也应大于或等于被控制系统内在的不确定性。

表 2－1　三种协调的类型和相应的控制方案

协调类型	资源需求特征	控制方案	优点/缺点
标准化协调	资源需求是标准化的	无特定解决方案。标准作业——设计并转化一项方案，将转化资源标准化，满足标准化资源需求	对于减少浪费是最简单有效的方法。必须保护车间不受环境及顾客的影响
计划性协调	资源需求是可变的	调度（最优化） 物料需求计划	在一定资源需求下，允许被转化资源和转化资源最优化。对不确定性十分敏感
相互协调	资源需求是不确定的	建立基于反馈回路的控制周期	可应对不确定性，不一定是最佳方案

休息一下：标准化协调是消除浪费的最佳办法。例如，它也许是消除低层次浪费，如存在等待浪费的单件流的唯一方法（单件流可以通过提升产能实现，但那会导致等待浪费）。标准化协调只需制订一项计划，所以十分简单。这时候你可能会问，那为什么我们还需要计划性协调和相互协调呢？这个问题问得好！你问问自己，你想变成标准化的资源需求吗？也许你对这样的经历十分熟悉，你拨打的服务热线就有一套标准的常见问题和解答，这些你在网上都可以查到。或者试想一下，你去医院看病，但你的病情并不常见。又比如你想吃没有辣香肠的披萨！这就是亨利·福特首创的理论——只要车是黑色的，顾客喜欢什么颜色就可以把车喷上什么颜色（Ford H，1923）。

所有卡片控制系统都用到相互协调。它们在输入与输出之间建立反馈回路，即输出作业决定输入作业。因为是输出率拉动车间的作业运行，这样的系统通常又称为“拉式系统”。“理想化”的拉式系统，它的作业输入与输出总是一致的。

输入/输出控制系统：输入/输出控制系统就是输出决定输入的系统。这也意味着必须有一条反馈回路，输入率根据反馈回路进行调整，与输出率保持一致，反之亦然。所有的卡片控制系统都是输入/输出控制系统。1970年怀特对输入/输出控制进行了推广（Wight O W，1970），并于1971年与普罗素一起进一步对其进行了推广（Plossl G W，Wight O W，1971）。

换而言之，输入/输出控制系统能使作业输入与输出保持一致。有以下两种方式：

1）通过调整工位/车间的输出，即根据输入增加产能。

2）通过控制工位/车间的输入。

卡片控制系统控制工位/车间的作业输入，意味着作业任务不是一开始就下达，而是先存起来，有时是存在加工的第一个工位（看板、定量在制品和

POLCA 系统），有时是存在所谓的车间前的订单池（COBACABANA 系统）。订单投放系统如图 2－2 所示。

订单池：卡片控制系统不直接下达订单到车间。订单要先等待才能下发，订单等待的地方称为订单池。对我们而言，卡片控制系统至少暗中会用到订单池，可能是流程的第一个工位（看板、定量在制品和 POLCA 系统），也可能是所谓的车间前的订单池（COBACABANA 系统）。

作业根据输出率从订单池投放。反馈回路提供输出率信息，这样就稳定了在制品水平。

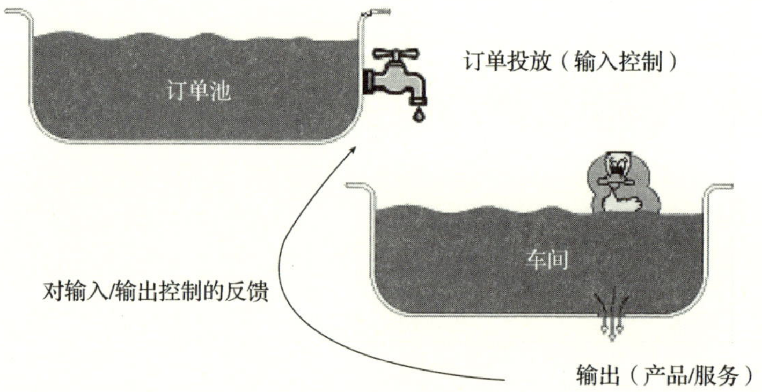

图 2－2 订单投放系统

休息一下：订单池的概念极其重要。不必要的作业就不应该投放到车间中去，这是各种卡片控制系统的基本理念。订单池把这些作业扣住，需要的时候才投放。如果作业没有出现在车间，那它应该在某处，这个“某处”不是订单池就是在流程的第一个工位排队（其实也是发挥订单池的作用）。在订单池或第一个工位等待的作业要么是被转化资源，要么就是以订单表形式呈现的资源需求等。

所有的卡片控制系统都会控制发放到车间/工位的作业，主要是通过对作业进行限制，即在制品容量。

订单投放（限制负载）：订单投放法会控制车间的作业输入。具体做法是把作业扣压在订单池，有选择地进行投放。只有当作业符合所谓的在制品容量的要求时，受到负载限制的订单投放办法才投放作业。

在制品容量：在制品容量是指反馈回路所允许的最大在制品量。根据反馈回路的长短，这个最大作业量可能体现在一个工位，也可能体现在多个工位。

在制品容量如图 2－3 所示。假如甲工位（或订单池）与乙工位之间有一条反馈回路，库存在乙工位等待加工，而在制品容量有三份作业，那么回路中的作业就不能超过三份。换而言之，如果回路中有三份作业，那只有当乙工位中的一份作业完成并离开回路之后，甲工位才能开始新作业，这个时候新作业才能进入回路。

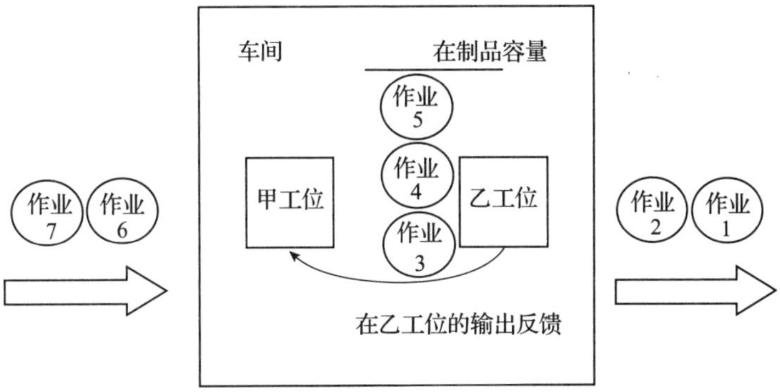

图 2－3　两个工位之间的在制品容量举例

休息一下：有时候你去酒吧要排队，为什么？就是因为在制品容量。一次最多接待多少人，一般都会有一个限制，比如要考虑消防规定，这就是在制品容量。如果达到人数上限，那后来的人就只能在外面等候。只有走了一个才能再进一个。

为了整个系统的运转，为了利润最大化，控制入口的酒吧保镖或保安需要得到离开酒吧人数的反馈（客人什么时候走的实时反馈）。这就是一个典型的拉式系统。如果反馈不及时，酒吧就有可能损失一些收入，因为有人走了却没有人即时进入（即使外面有人在等候）。

推式系统中没有反馈回路。比如说，保安会不断往里放人，因为他/她觉得并没有达到人数上限，结果里面人满为患。这个时候，如果消防局长来了，酒吧的营业执照就有可能被吊销。

卡片控制系统会给每位顾客一张支付卡，顾客拿着卡进去，离开的时候把卡交回（可绑定信用卡）。在这种情况下，控制支付卡的数量就是个简单的机制，可以控制酒吧人数，并使人数最大化。

如果车间工作被在制品容量所制约，那么只有当有作业离开车间的时候，新的作业才能进入。这样能够实现第一条原则——输入/输出控制，稳定系统中的作业。同时，可以（也应该）调低在制品容量，减少在制品，实现第二条原则——减少库存容量。第二条原则进一步保证了车间里只有必需的作业。但是，仅仅是实现这两条原则，即稳定和减少车间/工位的作业，是不够的。当务之急是还应确保即将投放到车间的作业（可以从订单池中选择），这样的流程才是有效的。换而言之，一定要确保按时交货或达到生产周期。这个问题将在第三章进一步讨论。

温馨提示

有效流程就是在所有方面，如质量、交货时间、产品/服务特征等都达到资源需求（即顾客需求）的流程。但是有些方面，比如说质量，超出了卡片控制系统的范围。因此，卡片控制系统的有效性主要是针对产品/服务的准时交货而言的。

车间/工位稳定性的直观化：吞吐量图

实现各个工位作业的稳定是输入/输出控制的主要目标。这个目标有没有真正实现，可以借助所谓的输入/输出曲线或吞吐量图来说明（Conway R，Maxwell W L，Miller L W，1967；Wiendahl H P，1995）。

吞吐量图：吞吐量图可以把累积的作业输入、输出信息提交给一个转化资源（如一个工位、一名医生）或者一系列的转化资源（如一个车间、一家医院或酒吧）。这样可以观察一段时间内作业如何流经转化资源。

吞吐量图是对流程图或价值流图的重要扩展，流程图或价值流图只是基于较短时间或历史平均值。比如说，经过一年的观察，发现一个车间可能平均每周 5 天有在制品。但是，某个特定时段可能出现最大需求量，比如在制品增加到 20 天，过了这段时间，每周只有 3 天有在制品。吞吐量图可以让我们直观地看到这些隐藏在综合数据和平均值背后的波动，便于诊断问题。

此外，流程图和价值流图自然只关注流程。然而，我们在前文讨论过，“稳定流程”是个没有意义的概念，只是说每个工位（转化资源）或车间（一系列转化资源）的作业等级是稳定的。将流程（即产品/服务）融合起来，稳定工位之间的作业，这才是输入/输出系统的关键。请记住，我们的目标是稳定作业，这个目标可以通过吞吐量图直观地反映出来。

吞吐量图由一些曲线构成，曲线代表从车间和/或特定工位进出的累积作业，因此这些曲线又称为输入/输出曲线。时间由横轴 X 表示，累积作业由纵轴 Y 表示。作业可以用任意单位衡量，如加工时间、服务时间、病人数量，甚至是多少份披萨。

要画一张吞吐量图，我们先来画一条累积输入曲线。新作业一到，就可以加到输入曲线上，如图 2－4 所示。

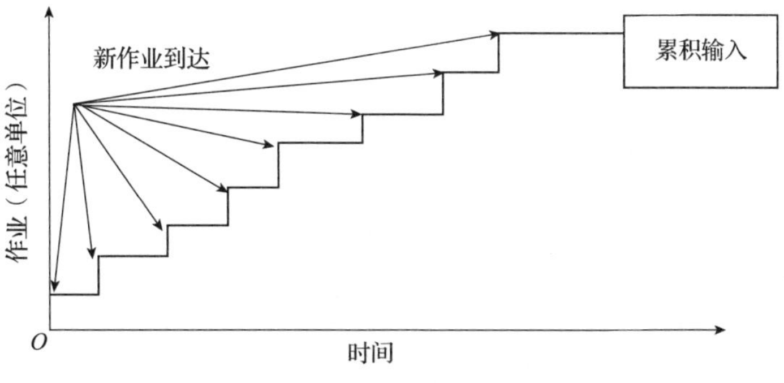

图 2－4　画一条输入曲线

现在我们来画一条累积输出曲线，累积输出曲线类似于累积输入曲线，不过时间有所延迟——先前输入的作业一旦完成，就可以加到输出曲线上。两条曲线（输入曲线与输出曲线）构成了基本的吞吐量图，如图2－5所示。

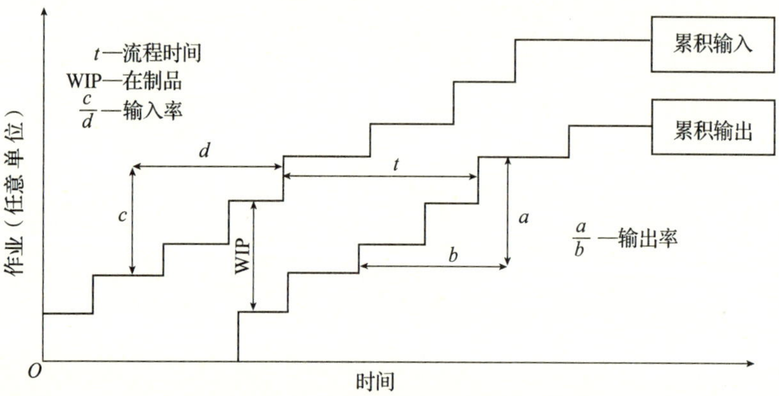

图2－5　基本的吞吐量图（输入/输出曲线）

系统当前的作业就是进入系统的作业减去离开系统的作业。因此，图中输入曲线与输出曲线的垂直距离就是在制品。同样，横轴表示在制品停留在系统中的时间。最后，实现的输入率和输出率，即作业进入系统与离开系统的比例，可以从曲线的倾斜度与梯度中看出来。这反映了运作管理的基本法则：利特尔法则（Little J，1961）。该法则认为在稳定系统，即输入与输出曲线长期保持平行或步调一致的系统平均流程时间等于在制品除以平均吞吐率。

休息一下：利特尔法则也可以写为

在制品＝吞吐率× 在系统中停留的时间

我们转换了一下方程式，这样就可以看出时间是在制品水平和吞吐率的结果（即时间是由在制品等级和吞吐率引起的）。在制品水平和/或吞吐率不会对时间造成直接影响，但会有一定影响。利特尔法则把在制品与时间联系在一起，这一点至关重要。

对于许多公司而言，性能改进的主要目标不是减少库存，而是缩短流程时间（即加快发货速度与反应能力），两者缺一不可（除非通过增加输出率）。另外，要记住利特尔法则是建立在平均值之上的。降低在制品水平也许可以减少大部分工作的流程时间，但是可能会导致一些特定工作的延迟，而这些工作可能对公司和顾客而言至关重要。

暂时超载资源与负载不足资源很容易在吞吐量图中识别出来（见图 2－6）。超载时，被转化资源需要等待转化资源，流程时间因此增加，于是就产生库存浪费；负载不足时，会出现等待浪费。把超载时适当的工作量转移到负载不足时处理，从而使作业平稳运行，这可能是性能改进的重点。

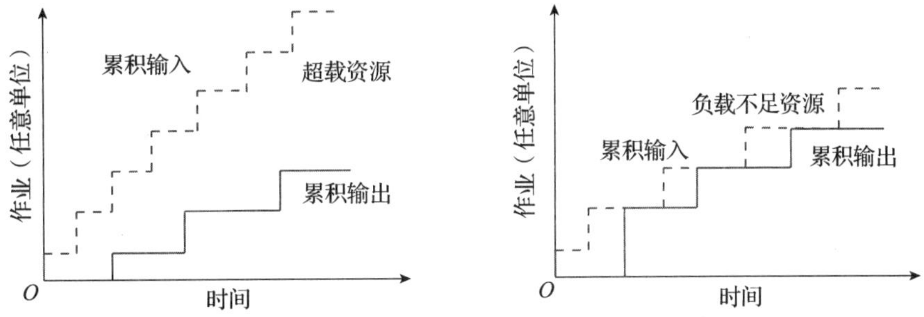

图 2－6　识别吞吐量图中的暂时超载资源与负载不足资源

休息一下：平稳工作量最简单的办法就是引进作业池。下面我们将会看到卡片控制系统正是这样稳定车间作业的。但是这并不适用于更高等级的工作，即销售。为了防止负载不足，许多公司采用“超额预定”策略（如航空公司），或通过促销做出反应。但是这种办法可能会导致你不希望看到的超负荷，比如你的促销价格低买的人就多了。还有个办法，通过公司的实际竞争力推动竞标竞争力与中标可能性。例如，杜雷尔等证明，交货时间限额反映了公司的真实运作能力，可以稳定公司的工作量（Thürer M etal，2014）。例如，当工作量增加，可用产能会减少，交货时间也会延长，这样公司就不大可能拿到订单。

但是当工作量逐渐减少，可用产能会增强，交货时间就会更短，更有竞争力，这样就能缩短报出的生产周期，增加中标的可能性。这样在一段时间内工作量就能保持稳定与平衡。还有一种可能性，通过提高产能，能够缩短生产周期，但是提高产能所需的成本会在产品的价格中体现，从而又会降低中标可能，陷入上文提到的循环中。

实践中我们经常发现一些公司不管实际情况就把订单接了下来——这种做法不大好，比方说一开始就知道不能按双方协定的交货时间交货，或为了赶交货时间花费的成本（如加班成本）远远超出产品价格。如果碰到这两种情况，你就亏大了。

如果是刚从暂时的超载过程中恢复过来，很快就会出现缓冲浪费，如图2－7所示。恢复过程中剧烈的倾斜表明转化资源可以增加输出率。这就是通常都用不上的转化资源产能，即等待浪费。这是一种缓冲等待浪费，因为它是在输入增加（即出现可变性）时对系统进行缓冲。由输入/输出曲线图可知，减少这种等待浪费会造成库存浪费。因此我们认为这是一种缓冲。

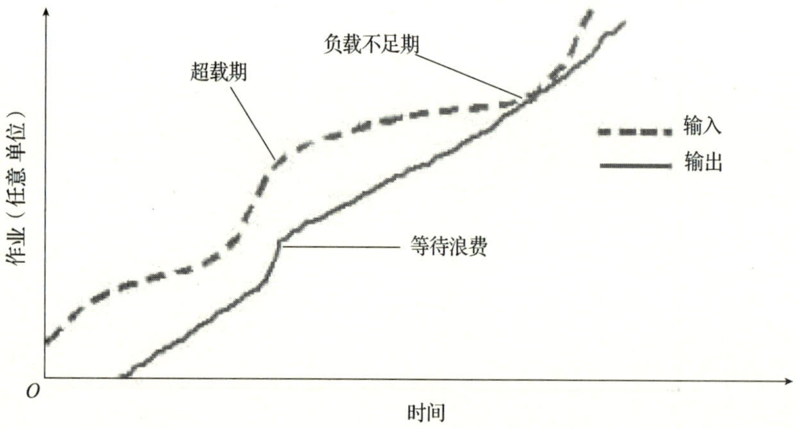

图2－7　吞吐量图中出现等待浪费

卡片控制系统的基本理念就是稳定系统，减少在制品。我们可以用吞吐量图来说明（见图2-8）。卡片控制系统使用订单投放机制把车间接收的整个作业（计划作业）划分为两部分：① 车间里的作业（已发放的作业或在制品）；② 订单池中的作业（未发放的作业）。

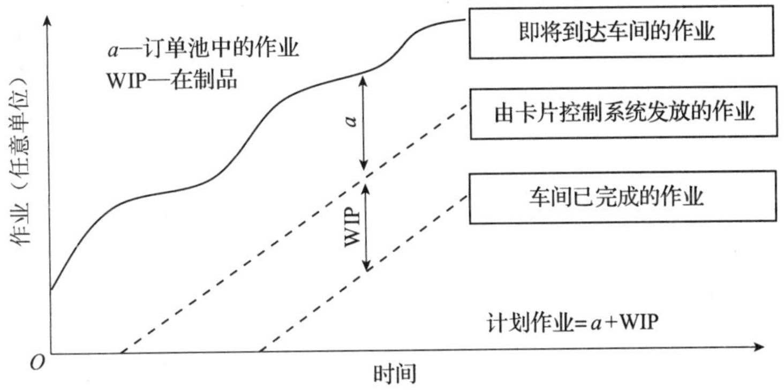

图2-8　通过吞吐量图阐释卡片控制系统的基本理念

计划作业与在制品的区别至关重要，让我们来看看两个概念的定义：

在制品（已投放的作业）：目前已投放到车间的作业（正在车间工位加工或排队的作业）。

计划作业：工厂接收的所有需要加工的作业，也就是待发放的作业（即订单池中的作业）和发放到车间的在制品。

如果作业被立即发放，也就是说车间没有扣留作业，那么计划作业与在制品就是一回事。但如果运用了订单投放机制，在制品就变成计划作业的一部分。订单投放机制控制从订单池中投放到车间的订单流，从而稳定在制品，而不是计划作业，使车间不受计划工作量浮动的影响。计划工作量受到销售/投标的影响，上文的“休息一下”中已经讲过。

投放到车间的三种工作量：计划工作量、订单池工作量和在制品，与作业在系统中所花费的时间比例有关。基于时间的措施可以分为以下三种（见图2-9）。

生产周期：作业在整个系统，即工厂中花费的时间，是订单池时间和车间生产时间的总和（见下文）。

订单池时间：订单池时间是作业等待被投放到车间（或第一工位）所花费的时间。

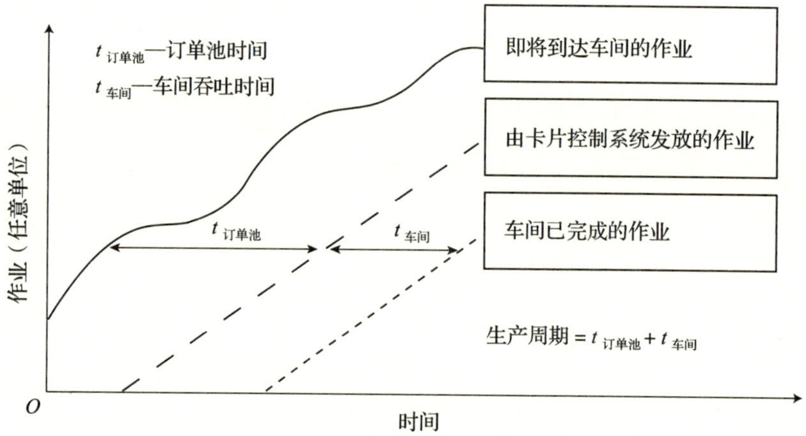

图 2-9 （已实现的）生产周期的构成

车间生产时间：车间生产时间是指作业在车间所花费的时间，是在作业的生产流程中，每个工位所花的操作时间的总和。操作时间包括加工时间、转换时间和排队时间。

> **休息一下：**上文阐述了一个重要事实：大部分卡片控制系统稳定的只是车间作业和流程时间。但是在某些控制问题中，顾客会经历整个生产周期（即订单池时间加车间生产时间）。
>
> 例如，你点了一份披萨，商家告诉你制作披萨本来要 1 小时，现在只要 10 分钟。但是他们却没有告诉你，你的披萨要等上 50 分钟才能进入制作过程！最后你的感想会是什么呢？答案显而易见。

如果不改进产出率（可以通过消除等待浪费、不必要的动作浪费等），每个小时制作的披萨数量还是一样的。唯一的变化是披萨在那里等待，只是顾客不用经历整个生产周期（见图 2-10）。

所以，说到底，商家把披萨产出时间从 1 小时减到 10 分钟对你毫无意义。因此，卡片控制系统有什么积极意义？主要体现在以下几个方面：

1）库存减少了（在这个例子中，可以保持原料的新鲜）。

2）当产品（披萨）在订单池中等待时，容易适应设计变化（用戈根索拉干酪不用车达奶酪）。

3）产品（披萨）很容易按轻重缓急的顺序来处理。例如，来了一个重要顾客，的确需要10分钟内拿到披萨，那他就可以在10分钟内拿到。

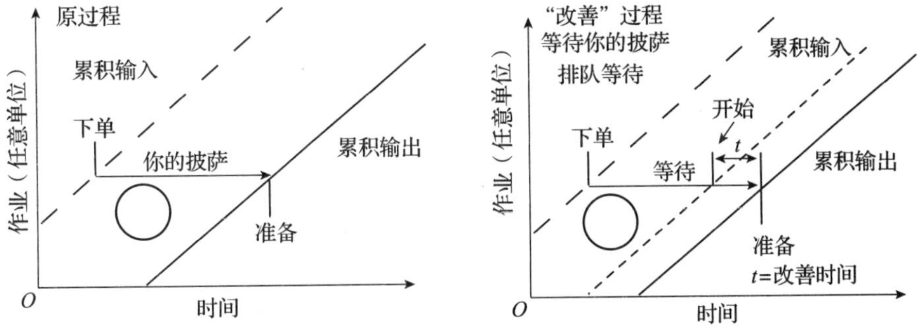

图2－10　车间生产时间与生产周期区别示例

总结——卡片控制的基础：输入/输出控制

本书讨论的四种卡片控制系统都是建立在输入/输出控制基础之上的。换而言之，卡片控制系统根据输出率控制车间/工位的作业输入。这可以通过建立在制品容量实现，即对进入车间的作业加以限制。对进入车间的作业有了限制，那么新作业就只有在当前作业离开车间后才能进入。这就实现了卡片控制系统的第一条原则，稳定了车间的在制品水平。我们可以紧缩在制品容量，实现第二条原则——减少在制品。车间是否真的稳定，可以借助吞吐量图来诊断。吞吐量图可以描述投放到一个转化资源或一系列转化资源的累积输入和输出。

根据输出率调节作业的输入能带来两个结果，四种卡片控制系统都是如此：

1）作业不是直接投放到车间，而是需要等待。因此，这四个卡片控制系统都建有一个所谓的订单池，作业在订单池中等待投放。订单池可以是实实在在的，也可以是在流程的第一个工位排队。订单池可能包括文书工作或实际的物料、病人等。

2）需要提供对于输出率的反馈（这样才能进行下一步投放）。因此，四种卡片控制系统都建立了反馈回路。我们会发现，反馈回路的实现方式（根据谁给谁提供反馈以及卡片传递的信息）决定了每个系统适用于解决哪一种控制问题。

我们也发现，输入/输出控制未必会创立一个或一套更高效、更有效的工作流程。只有能减少浪费，比如通过在各种资源中平衡工作量，这个卡片控制系统才是高效的。同时，能保证准时提供产品/服务的卡片控制系统才能算是有效的。因此，在订单池和车间等待的作业应依据紧迫性来排序或考虑，比如说哪个作业交货日期最早。这个问题我们下一章再讨论。

重点回顾

- 概述什么是输入/输出控制。稳定工位（转化资源）最简单的办法是让作业输入与作业输出保持一致。这称为输入/输出控制，是本书讨论的所有卡片控制系统的第一条原则。
- 讨论被转化资源、转化资源和资源需求协调的多种途径。可以有标准化协调、计划性协调和相互协调。标准化协调（标准作业）是大部分精益生产会用到的。我们按照标准化的资源需求，将被转化资源和转化资源标准化。计划性协调是大部分调度和最优化方法（如物资需求计划）会用到的。计划设计出来，可以协调被转化资源、转化资源与资源需求。由于资源需求没有达到标准化，所以不可能出现完美协调。而且，每次系统出现变化，就需要设计新的计划。计划性协调不考虑任何形式的反馈，系统是否真正实现预期的目标与它无关，计划一旦设计了，它就只顾推行。同时，相互协调要利用当下情况的反馈，这也是各种卡片控制系统会用到的协调，它们利用当前输出的反馈控制系统的作业输入。

- 概述工位/车间稳定性的一种诊断手段：吞吐量图。吞吐量图描述一段时间内转化资源（或一系列转化资源）的作业累积输入和输出。它阐明了利特尔法则，这样工作量的波动就变得很直观了。
- 强调计划工作量与车间工作量的区别及生产周期与车间生产时间的区别。卡片控制系统扣留车间不需要的作业。这样，系统中的作业就分为车间工作量与订单池量（即订单池中等待被投放的作业），计划工作量是两者之和。因此，存在两种流程时间：从工厂接收作业到作业完成的生产周期（与计划工作量有关）、车间生产时间（与车间在制品的稳定性有关）。通常情况下，顾客经历的是整个生产周期，不是车间生产时间。因此，这一点很重要。

本章参考文献

Ashby, W. R. 1957, *An Introduction to Cybernetics*, Chapman & Hall

Conway, R., Maxwell, W. L., and Miller, L. W., 1967, *Theory of Scheduling*, Addison-Wesley Publishing Company, Reading, MA, USA.

Ford, H., 1923, *My Life and Work*, in Collaboration with Samuel Crowther, Garden City, New York.

Little, J., 1961, A proof of the theorem $L = \lambda W$, *Operations Research* 8, 383 – 387.

Plossl, G. W., and Wight, O. W., 1971, Capacity planning and control, *Working paper presented at the APICS International Conference in St. Louis, Missouri.*

Thompson, J. D., 1967, *Organizations in action: Social science bases for administrative theory*, 1st Ed, Mc Graw-Hill book company, New York.

Thürer, M., Stevenson, M., Silva, C., Land, M. J., Fredendall, L. D., and Melnyk, S. A., 2014a, Lean Control for Make-to-Order Companies: Integrating Customer Enquiry Management and Order Release, *Production & Operations Management*, 23, 3,463 – 476.

Weber, M., 2014, *Wirtschaft und Gesellschaft: Soziologie*, Studienausgabe der MaxWeber Gesamtausgabe Band I/23, Mohr Siebeck, Tubingen.

Wiendahl, H. -P., 1995, *Load-Oriented Manufacturing Control*, Springer, Berlin.

Wight, O. W., 1970, Input/Output control a real handle on lead time, *Production and Inventory Management Journal*, 11, 3, 9 – 31.

第三章 通过订单池排序和车间调度规则而简化的排程

本章重点

- 概述一种排程是如何通过使用订单池排序和车间调度规则而简化的。
- 概述一系列适用于车间的简单有效的调度规则。
- 概述一种诊断订单池排序和调度规则性能的手段——订单进度图。

卡片控制系统创建了一个稳定的车间和/或工位,这与有效/高效流程是不同的。稳定车间/工位意味着进去的作业量等于出来的作业量,但是也有一种可能,进出系统的作业也许根本就不必要(或订单暂时还不需要)。如果我们不太注意,真正需要的订单有可能永远留在订单池或车间。例如,操作员可能不喜欢当前订单所需的操作,而是处理手头上的其他作业;或者说他/她会首先选择奖金最高的作业,这个称为"优选"。所以我们需要一条能够给订单池中的订单排序的规则,一条能够决定如何在车间派送或加工订单的规则(见图3-1)。这样能够帮助操作员在恰当的时间对恰当的订单进行加工,从而满足工厂的生产目标。

订单池排序规则(在车间前):决定订单池中要投放到车间的作业的先后

顺序。

调度规则(车间里):如果一个工位前有超过一项工作在等待加工(即两个或两个以上的工作在争夺同一资源),那么就要决定下一项加工的工作,这就是调度决策。做出调度决策要遵循一条原则,那就是调度规则。调度规则既可以十分复杂,也可以直接明了,比如说先进先出。

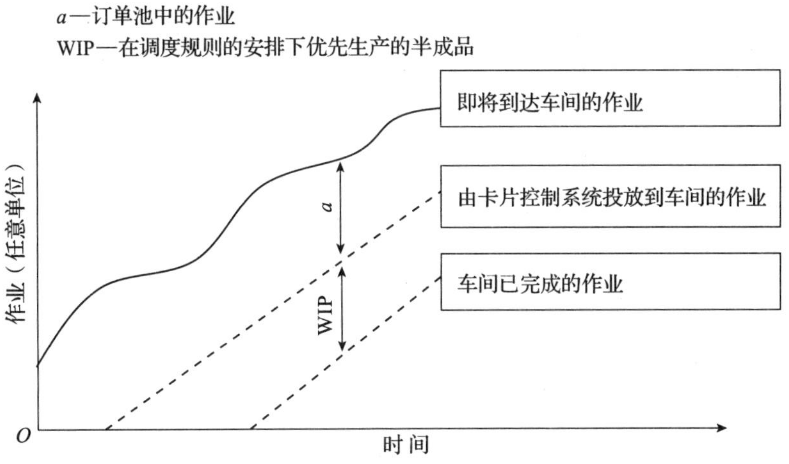

图3-1　订单池排序与车间调度规则

订单池排序和调度规则是一种简单化的排程形式。“计划性协调”所用的排程能够决定操作的开展时间。因此,一个基本的假设就是严格遵循时间表。另一方面,订单池排序和调度规则会采取优先措施,达到“相互协调”。虽然这些规则也可以安排订单投放时间和一系列生产交货期,但我们只不过是用这些日期做出优先安排。比如说,我们确定在星期五中午投放一项订单,那么星期五中午就要投放。同时,根据订单池排序,订单可以在任意时间投放,比如说突然有产能可以使用,订单就可以早一些投放(投放最紧急的订单),或者是因为机器故障,工作堆积,订单只能晚一些投放,或者是有更加紧急的订单需要先行投放。

所以,对于订单池排序规则来说,实际投放时间可能受到别的因素,如当前车间工作量的影响。这样我们就能把输入/输出控制和有效投放时间结合起来。就排程而言,不管当时车间工作量如何,订单都必须在星期五中午进行投放。因此这类计划性协调（即排程）对系统未来情况的信息准确度要求很高。

休息一下：最近我们与一家小型装配厂合作。同一套转化资源要生产不同的零部件，然后到一个组装点组装。这其中主要的问题是，如何保证不同部件在最后的装配环节能够同时到达装配点。这个问题可以通过确定一个装配交货期解决。产品的各个部件可以根据这个装配交货期决定各自的订单投放时间与生产交货期，最终各个部件成功组装，完成这个装配订单。可以通过在订单池中（投放时）对各个部件的计划投放时间进行优先顺序安排，并且对其在车间的生产交货期进行顺序安排，从而保证不同部件同时到达装配点——就算在变化性大的环境下也可以这么做。

车间优先调度的一些规则

先进先出规则，也称为先来先服务，是实际操作中最常用到的调度规则。例如，据门田报告，丰田公司的工人必须遵循看板到达系统的顺序，即先进先出（Monden Y，1983）。确实，许多从业者也用先进先出原则来克服消极行为，如本章前文中提到的优选现象。

先进先出规则：先到工位的工作优先加工。

休息一下：有些物理条件的限制会自动推动调度规则的实施。比如，有时有一堆作业，也许只能是最后进来的先加工，那么调度规则就变成“后进先出”。物料当然不会对这种加塞现象提出抱怨，但是顾客一般都会！这样就可能要对物理环境进行重新设计，以满足不同调度规则的需求。

如果订单没有交货日期，加工时间的可变性较小，那先进先出规则可能是最好的调度规则。但是，如果订单有明确的交货日期，而且/或者加工时间有较大的可变性，那么选择这种调度规则就不大好。首先，如果加工时间存在可变性，那么可能就需要一定形式的负载平衡。其次，如果存在交货日期或交货期，那先进先出法可能无法保证到期交货。那样就应该采用以交货期为导向的调度规则。以交货期为导向的最简单的调度规则就是最早交货期规则。

最早交货期规则：交货期最早的工作优先加工。

休息一下：假设有两个顾客打电话点披萨。第一个顾客希望他的披萨能在 1 小时内送达；第二个顾客 5 分钟之后打来电话，说要 15 分钟后来取。按照先进先出法，第一个披萨应该先做，尽管第二个披萨要得很急。最早交货期规则会优先制作要得很急的那个披萨。

最早交货期法是以交货期为导向的一项很有效的调度规则，能够适用于许多情况。但是试想一下，有的订单只需要一两项操作，有的订单却需要很多项操作，而交货期并不取决于操作的数量。因此，一件工作只有一项操作，需要 10 天后交付，而另外一件工作有六项操作，需要 11 天后交付，最早交货期法会选择第一个订单优先加工。选择第二个订单难道不是更聪明吗？考虑到操作数量和操作时间的一项调度规则称为工序交货期规则。

工序交货期规则：优先处理工序交货期最早的工作。从产品交货期向后推算能计算出工序交货期（见图 3－2）。工艺路线中最后一项操作的交货期就是产品交货期。计划投放日期是订单应当投放到车间的时间，它用于决定订单池排序，即决定订单投放到车间的先后顺序，与物料需求计划的内在逻辑相似。

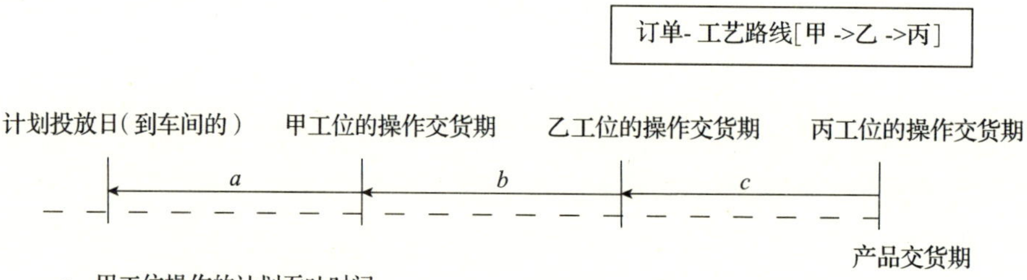

a—甲工位操作的计划吞吐时间

b—乙工位操作的计划吞吐时间

c—丙工位操作的计划吞吐时间

图 3－2　决定车间调度工序交货期

休息一下：运用了卡片控制系统之后，计划操作时间一般就应当是固定不变的。因为卡片控制系统使其稳定了下来，所以这是可能的。根据利特尔法则，如果工位是稳定的，平均操作时间也是稳定的。这里稳定的时间可能包括操作时间或者仅仅指等待时间。操作时间等于加工时间与等待加工的时间（即等待时间）之和。最后，你也许还不明白“产品交货期”为何物。产品交货期是顾客交货截止日减去延迟宽放。在第九章的图 9－2 你还会再碰到这个概念。

上文提到的交货期设定规则都是以时间为导向的，但是，也有不少侧重于工作量的规则，即不是以时间为导向而是以工作量为导向的规则。这些调度规则通常不会与卡片控制系统同时运用，因为大家都以为卡片控制系统已经稳定并减少了车间工作量。然而，在加工时间可变性很大的环境下，它们也能发挥重要作用。最简单的以工作量为导向的调度规则就是最短加工时间法。

最短加工时间规则：优先处理加工时间最短的工作。

如果加工时间的可变性很大，系统中会出现供应不足或闲置，最短加工时间法可以很好地避免这种情况的发生。我们可以延缓工位的供应不足现象，优先考虑上游工位加工时间最短的工件，因为这样一来，后续等待加工的队列就会最快地得到补给。当然，有一个前提，车间里只存在必需的作业。否则，最短加工时间法只会创造更多的生产过剩浪费。如上所述，转化资源闲置可能是件“坏”事（假如顾客对这种资源有需求），也可能是件“好”事（假如没有顾客需求，即为避免生产过剩，可以把产能用于其他方面，比如进行维护），也可能“不好也不坏”（比如，车间利用率为90%就意味着10%的等待浪费）。

总的来说，最短加工时间法完全忽略了作业的紧急程度，所以运用的时候应当小心为上。还有一项调度规则，兼有工序交货期规则和最短加工时间法的优点，即兼有以时间为导向（交货期）和以工作量为导向规则的优点，那就是修正的工序交货期规则。

修正的工序交货期规则：修正的工序交货期规则根据最小优先号安排工作先后，最小优先号由最晚工序交货期与最早完工时间决定。最早完工时间等于做出调度决定的时间加上加工时间。

所以，根据修正的工序交货期规则，如果作业准时开展，那么就按照工序交货期规则安排先后顺序。因为工序交货期高于最早完工时间，所有工作的优先号也就是其工序交货期。但是一旦作业进行缓慢，那么就应该服从最短加工时间法的安排，因为此时最早完工时间是高于工序交货期的。修改工序交货期可以根据情况进行调整，在准时完工的要求下，它以工序交货期为重心，当有多项工作需要赶交货期的情况下，它又通过最短加工时间法加快作业速度。修正的工序交货期规则比上面几种规则要复杂，但是如果能用上，它是复杂环境下的首选，比如在加工时间和工艺路线多变的情况下。表3-1对上面谈到的五项调度规则进行总结。

表3-1　五项调度规则总结

调度规则名称	简短描述	评价
先进先出规则（First-In-First-Out）或先来先服务规则（First-Comes-First-Served）	基于时间的简单规则，用于解决库存控制问题（即不存在交货期）	如果存在交货期，就不如最早交货期法（见下文）

（续）

调度规则名称	简短描述	评价
最早交货期规则（Earliest Due Date）	如果订单有交货期，这是基于时间的简单规则。优先处理交货日期最早的工作	如果订单的工艺路线时间不同（或操作时间不同），而交货期不受影响，就不如工序交货期规则（见下文）
工序交货期规则（Operation Due Date）	基于时间的规则，为每项操作计算好工序交货期。优先处理交货期最早的工作	需要一些（简单）计算
最短加工时间规则（Shortest Processing Time）	基于工作量的简单规则。优先处理加工时间最短的工作	明显降低平均生产时间，进而缩短平均推迟时间。减少下游工位的浪费，尤其是在工艺路线定向的情况下。但是忽略工作的紧急程度，可能严重推迟大型工作的完工
修正的工序交货期规则（Modified Operation Due Date）	根据最小优先号安排订单，最小优先号取决于最晚工序交货期与最早完工时间（最早完工时间就是当前时间加上加工时间）	修正的工序交货期规则可以根据情况进行调整，在准时完工的情况下以工序交货期为重心，在有多份工作需要赶交货期的情况下，它又通过最短加工时间规则加快作业速度

准时性的直观化：订单进度图

我们在第二章介绍的吞吐量图可以用于诊断输入/输出控制，即车间/工位的稳定性。但是，我们也发现单单这样是不够的，这些稳定的作业还得是合适的作业，这样生产控制才有效。换而言之，为了诊断生产控制问题，我们还要将准时性直观化。

休息一下：我们知道利特尔法则在车间稳定在制品与生产时间中建立了联系。但是，利特尔法则是针对一般情况而言的。如果你在急切地等候火车，火车公司告诉你一般情况下他们的火车是准时的，这样的信息是没有用的（对于你这个乘客而言）。忘了一般情况下的火车吧，你只想要你那趟火车准时！

因此，把握一般的同时兼顾个别订单是十分重要的。订单进度图（Soepenberg G D et al, 2008）让单个订单的准时性变得直观化。这样便于诊断问题，因为订单进度图会显示交货日期宽放是否合适，即显示交货是晚了还是过早，什么时候晚的，什么时候早的。虽然交货日期过早也许不是个问题，但这实际上说明交货日期宽放太长，即没有竞争性，或者说明资源被用于生产不需要生产的订单（导致生产过剩和/或成品库存浪费）。如果你打电话订一份披萨，你不会希望在你预计到达 10 分钟以前它就做好了。如果有的订单下得早，有的订单下得晚，工厂可能要重新分配工作，按照承诺的交货日期汇集更多的订单。

订单进度图：订单进度图（以图 3－3 为例）把订单进度看作一系列相连的数据点，每个数据点对应的纵坐标是订单操作的相对延迟，横坐标是实际完工时间。相对延迟等于实际完工时间减去预计完工时间（或工序交货期）。

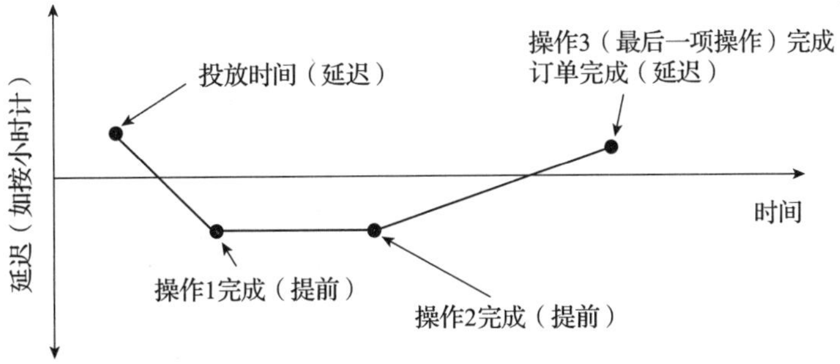

图 3－3　订单进度图

在理想情况下，所有的数据点都应在横轴上——也就是说没有相对延迟。图 3－3 中，订单需要进行三项操作。我们发现订单投放的时候就已经延迟了，即比计划的时间要晚。于是在操作 1 中订单的处理加速了，这也就是说订单在第一工位实际所花的操作时间比预计的宽放要短，原因可能是比如通过工序交货期规则提高了订单处理速度，让它回到正轨。

如果订单进度与横轴平行，即在操作 2 中，实际操作时间与其宽放就是一样的。没有发生新的延迟，但是也没有减少延迟。最后，在例子中，订单进度在最后一项操作中放缓——也就是说预计的宽放对于实际操作时间来说实在太短，导致再度延迟，最终导致订单的再度延迟。

对几个订单的进度进行追踪，能够诊断出哪里出现延迟/提前，即发现常见的问题点，便于做出更好的时间安排，并能使宽放与操作时间保持一致。比如，图 3－4 以披萨为例，我们发现披萨在烤箱中的预计时间过短。如果这种情况反复发生，这样的预计就是错误的，因为披萨的制作时间应当是相当稳定的。因此应该纠正错误，只有这样，给披萨放奶酪的人才有更多时间把工作做好。

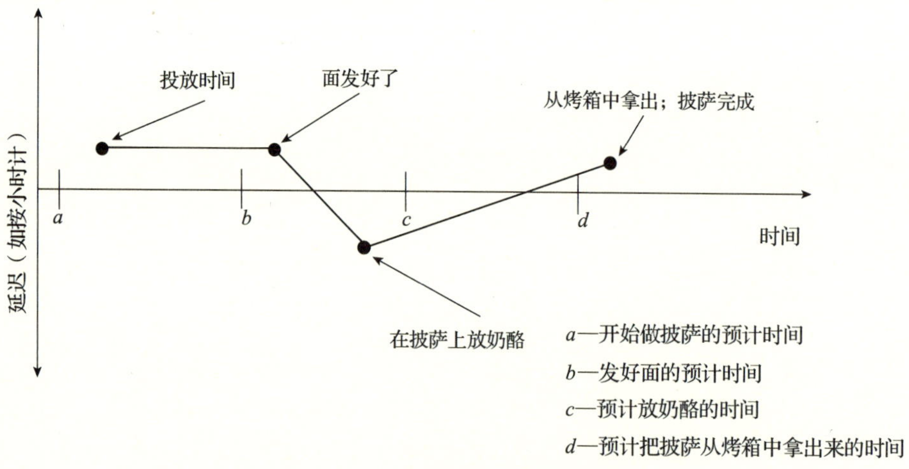

图 3－4　订单进度图——以披萨为例

总结——通过优先处理实现简化调度

为了保证流程的有效与高效,卡片控制系统不但要稳定系统中的作业,还要保证被加工的作业是恰当的,即作业按时完工。为了作业被恰当地处理,卡片控制系统包含一种简化了的排程形式。优先调度不是预先决定好时间表(即计划性协调),而是按照轻重缓急安排车间作业的进度。打个比方,这就是说我们决定下一步处理哪个工作不是基于事先就计划好哪些工作要在工位排队,而是基于当前在工位排队工作的轻重缓急。订单池排序规则决定订单在订单池中等待投放的先后顺序。车间调度规则决定工位前等待加工的作业的先后顺序。这种顺序安排是否有效可以通过订单进度图来诊断。订单进度图描述了每份订单在每个步骤(工序)累积的相对延迟。

重点回顾

- 概述一种排程是如何通过使用订单池排序和车间调度规则而简化的。一方面,用于"计划性协调"的调度决定操作的开展时间,所以一种基本的假定是我们要遵守排程。另一方面,订单池排序和调度规则可采取优先措施,实现"相互协调"。这就要求把时间因素纳入输入/输出控制,以期稳定工位(或车间)。
- 概述一系列适用于车间的简单有效的调度规则。本章介绍了五条基本规则。如果订单没有交货日期,而且加工时间可变性小,那么先进先出规则(FIFO)可说是最佳调度规则,因为它可以克服消极的工人行为,比如说"优选"。不过如果工作各有各的交货期(或交货日期),结果可能是优先处理不那么紧急的工作。在这种情况下,最早交货期规则(EDD)可能是更好的选择。不过如果订单同时还有工作量的差异,这时工序交货期规则就更可取,通过简单反向调度法决定每样工序的交货期。同时,如果加工时间可变性大,用最短加工时间规则(SPT)选择工作带来的结果最理想，它可以避免加工时间可变性带来的供应不足。但是最短加工时间法没有考虑工作的紧急程度，所以可能导致极度的延迟，尤其是出现大型作业的情况下。另一个可供选择的调度规则结合了工序交货期规则和最短加工时间法，那就是修正的工序交货期规则(MODD)。虽然修正的工序交货期规则较为复杂，但它可能是在具有可变性大的现实环境中的最佳选择。

- 概述一种诊断订单池排序和调度规则性能的手段——订单进度图。订单进度图把订单进度看作一系列相连的数据点，每个数据点对应的纵坐标是订单操作的相对延迟，横坐标是实际完工时间。订单进度图不局限于一般情况（一般情况可用吞吐量图来分析），可以分析单个订单。订单进度图便于诊断单个订单延迟的时间和地点。

本章参考文献

Monden, Y., 1983, *Toyota Production System: Practical Approach to Production Management*, Industrial Engineering and Management Press, Norcross, Georgia.

Soepenberg, G. D., Land, M. J., and Gaalman, G., 2008, The order progress diagram: A supportive tool for diagnosing delivery reliability performance in make-to-order companies, *International Journal of Production Economics*, 112, 1, 495 – 503.

第四章
如何诊断控制问题

本章重点

- 概述按库存与按订单的区别（按库存/按订单分界面）。
- 概述顾客渗透点与库存/订单分离点的区别。
- 概述工艺路线与布局的区别。
- 讨论顾客需求可变性的不同形式。

上一章探讨了各种卡片控制系统的共同点。我们发现它们都是根据输出率来控制车间作业的输入。这就创造了一个稳定的车间，实现了低水平的在制品。到目前为止情况都还不错，但是你也许会问自己：如果它们做的都是同一件事情，为什么不随便挑一个来用?

事实上，本书涉及的四种卡片控制系统——看板管理、定量在制品、POLCA 和 COBACABANA 区别很大。每一种都是针对不同的需求或控制问题提出的。因此，我们将对区分这些控制问题的主要标准进行探讨，这样我们才能诊断各种控制系统的使用范围或适用范围。本书下面的大部分内容（第五～九章）将揭示卡片控制系统的基本机制，以及这些系统是如何解决诊断出来的不同问题。第十章对研究结果进行总结。

我们诊断一个控制问题要考虑四个标准（见图4-1）。

1）是流程先于资源需求（按库存），还是资源需求先于流程（按订单）？换而言之，工厂装配、服务、建造等是按库存还是按订单？

2）在流程的哪个阶段，产品/服务开始被分配，与特定顾客发生联系？换而言之，顾客渗透点在哪里？

3）要完成车间各种不同的作业必须经过一些工位，工位的顺序安排有哪些特点？换而言之，车间生产订单的工艺路线有哪些特点？

4）加工时间是如何多变的？对车间的需求是如何不定时产生的？总的来说，顾客需求的可变性怎么样？

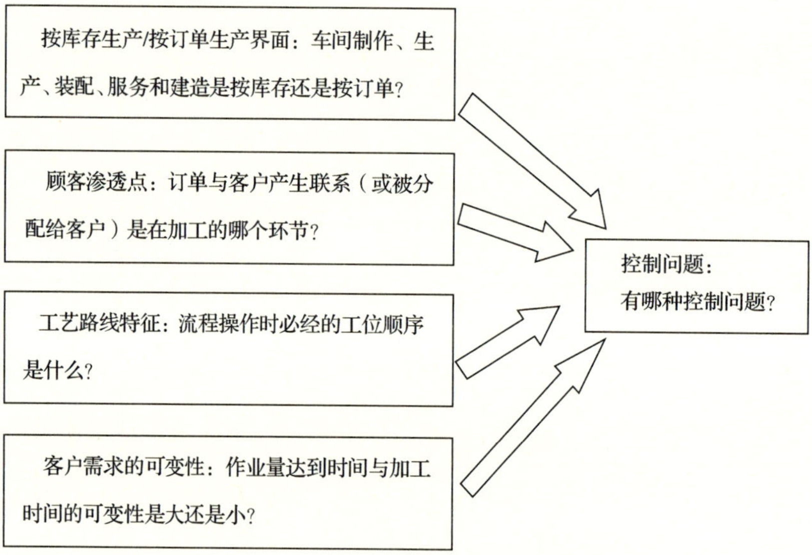

图4-1　诊断控制问题的四个标准

我们会发现四个标准都是指资源需求。卡片控制系统力图协调被转化资源流经转化资源，与资源需求保持同步。所以资源需求制约着这种协调的实现方式。

休息一下：你的行业、顾客和核心竞争力最终决定你会遇到什么样的控制问题，你应该采用什么样的控制方案。这应该不足为奇，但是许多公司好像忽视了这个事实。我们在第二章已经举过这样的例子，比如说呼叫中心只有标准化回答，医院只能治疗某些疾病等。事实上，当管理者遇到复杂的控制问题，他首先要通过将顾客需求标准化来简化控制问题。尽管把所有的车喷成黑色只需要用到一条简单的传送带，但是在21世纪的今天，这样的做法真的能讨顾客喜欢吗？对于一辆车来说，顾客想要别的颜色，他只需找别的生产商就好了。但是如果是医疗保健制度呢？为了给所有的疾病提供健全的医疗保健制度，我们必须直面复杂的控制问题，不能就那么简化了事。

标准1：制造、生产、装配、建造、服务等是按库存还是按订单

我们这里用到的表达式是“按订单”“按库存”，而不是更常见的一些词，比如“按库存生产”“按订单生产”。我们认为重要的是时间概念（即先于需求还是后于需求）。前面的动词，即生产、制造、服务、装配等只是在描述潜在的过程。

按库存：操作（即对被转化资源加以转化）先出现，后来才知道资源需求。产品的生产建立在对资源需求的预计上（比如通过预测需求来决定资源需求）。因为是先有操作后有需求，顾客不需要等待就能拿到产品，但是产品的定制化也很难实现。

按订单：操作（即对被转化资源加以转化）发生在知道资源需求之后。顾客总是要等待！只是等待时间长短的问题。由于是在知道需求后才操作，就有可能定制产品/服务。

这个问题用吞吐量图说得很清楚，如图4－2所示。

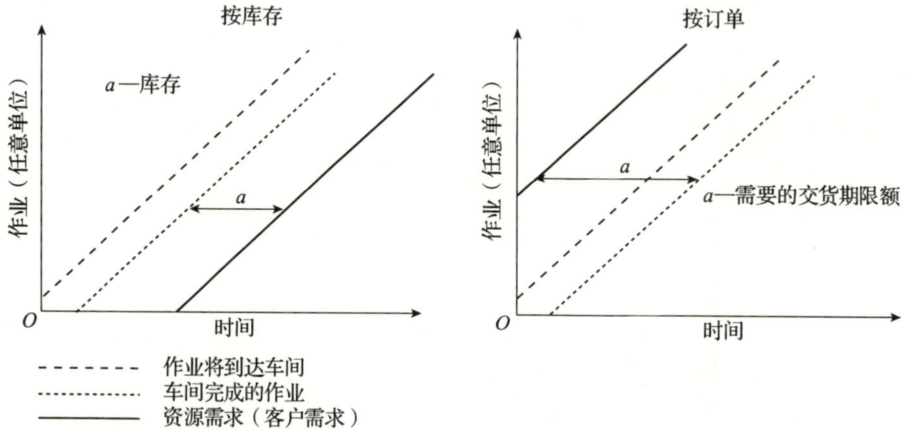

图 4-2　以吞吐量图说明按库存和按订单的区别

我们有个重要观点，似乎与大多数学术研究不同，那就是认为按库存或按订单不会直接影响控制方案的选择决策。我们认为按库存或按订单只确定控制方案操作的边界条件，即浪费宽放。

1）按库存生产只是意味着产品已脱离加工过程，（作为成品库存）正在等待顾客。

2）按订单生产只是意味着还有操作有待完工，然后才交付产品/服务。

两种情况下都不可能出现完美协调，因为按库存的时候还没有资源需求，按订单的时候还没有开始操作。我们已在前文得知，只有标准化的资源需求才能达到完美协调。按订单一般会造成等待浪费，按库存一般会造成生产过剩和/或库存浪费。

但是这样并不影响控制问题。对控制问题最主要的影响是，按订单预设了交货时间宽放。因为产品待生产，顾客需要给予一定的时间宽放来生产输出。如果是按库存的系统，顾客希望能马上（从库存中）拿到商品。但是，我们发现在实际生活中，生产/服务系统是个混合体，一部分是按库存，一部分是按订单。这样为大规模定制化提供了可能。这样的分离点称为按库存/按订单分界面，如图 4-3 所示。

按库存/按订单分界面：流程中生产等待需求而不是先于需求的那个点。按库存系统期待资源需求，而按订单系统是对资源需求做出反应。

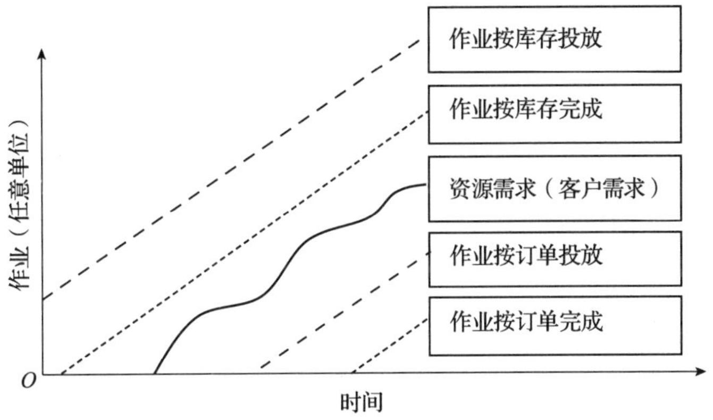

图 4－3　以吞吐量图说明按库存/按订单分界面

> **休息一下**：按库存系统出现缺货后，会自动变成按订单系统，至少在短期内是这样。总的来说，大部分公司会整合各种不同的流程，其中有的是按库存系统，有的是按订单系统。比如说，按订单系统的供应（即仓库）可能基于按库存系统。药房可以根据病人的处方生产药品，但是库存有所需的材料。对于我们而言，重要的是按库存/按订单分界面决定了顾客等待（而且愿意等待，即顾客在自行决定时会考虑到）的时间。

按库存系统期待资源需求，而按订单系统是对资源需求做出反应。也就是说按库存系统需要一种工具来预计资源需求，这其中一般会包含预测。但是仅仅这样是不够的，因为我们真正需要的是资源需求，有了资源需求才能立刻开始生产。因此，对需求的预测必须“倒序排产”，来决定开展生产所需的计划资源需求。图 4－4 阐述了按库存系统内在的预测过程与倒序排产。

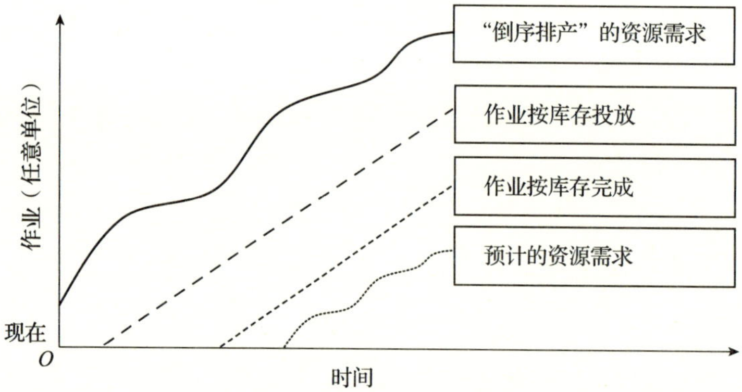

图 4-4　按库存系统：预测和倒序排产，从而得到加工输入的资源需求

休息一下：倒序排产是导致物料需求计划系统不准确的主要原因，因为生产中的参数（比如生产周期偏移）通常会被各部门以“以防万一”为由拉长。这样会在不到真正需要开始的时间开始生产，从而出现生产过剩。同样，在再订购点系统中（见图 4-5），再订购点的确定是基于预测的需求，即消耗率和补充库存的时间。因此，在按库存系统中减少库存的关键是准确的需求预测与稳定的补充库存的时间（以简化倒序排产）。卡片控制系统可以成为稳定补充库存时间的重要手段。

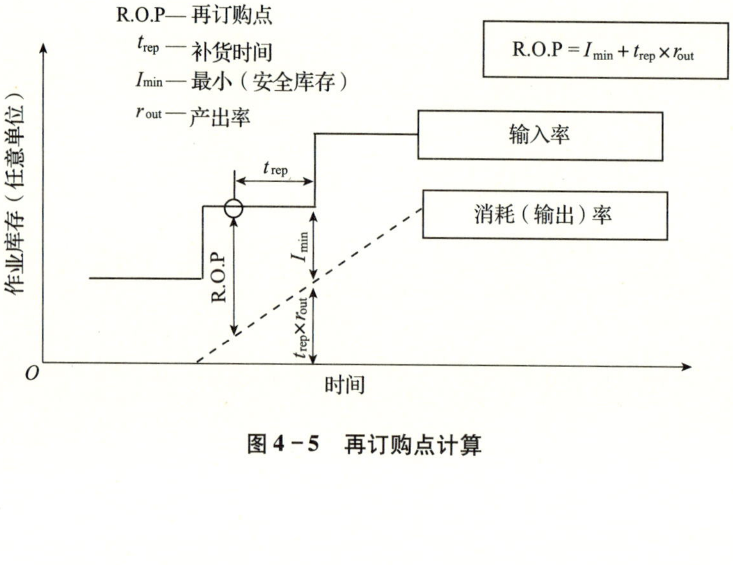

图 4-5　再订购点计算

这意味着就资源需求而言按库存系统引入了两个错误：预测错误和倒序排产错误，但顾客需要等待的交货周期为零。按订单可以避免这两个错误，因为系统输入是由顾客真正的资源需求决定的，但顾客需要等待产品或服务。

休息一下：披萨是典型的按订单烹制，因为顾客希望拿到的披萨是新鲜的、热腾腾的。他们愿意等，只要时间是在他们的容忍范围内。试想披萨店在你来之前就做好了披萨放在一边。他们必须预测你到店的时间。比如说他们预测一个人20:00到店里取一份做好的意大利香肠披萨，然后他们要通过"倒序排产"来确定什么时候开始做。不少披萨店的橱窗或橱柜里的平底锅里放着一些现成的披萨，但是你知道它们放了多久吗？咖啡店也面临同样的问题，因为它们的咖啡杯里装着咖啡。为了使浪费最小化，商家要对生产输出时间进行预测。咖啡放上几个小时会变得又苦又凉，你多长时间会喝一次这种咖啡呢？星巴克的咖啡装有定时器，时间一到，就要换一壶新的。为了使浪费最小化，星巴克还有一个办法，每天过了一定时段就不再泡脱因咖啡，这样就把按库存系统转化为按订单系统，这就是"美国范儿"，喝咖啡需要等待。

标准2：顾客渗透（库存/订单分离）点

每套流程都有顾客渗透点和库存/订单分离点，这与按订单/按库存界面不一样，按订单/按库存界面只是掌握了需求的时间要素。也就是说，是否操作（即对被转化资源进行转化）在先，资源需求在后。尽管这三者在实际操作中经常重叠，但是因为掌握的是流程的不同方面，所以对它们进行区分是十分重要的。顾客渗透点是订单去往或被分配给顾客的那个点。库存/订单分离点是通过生产控制系统使订单变得清晰可辨的点。两个概念都涉及同一性概念。所以我们先了解这个概念。

同一性：简单地说（不深入进行哲学探讨），“同一性”告诉我们一个人、一件产品、一项服务等有什么特性。如果两个物体的所有特性或性能都相同，那么它们就是同一的、一样的或完全相同的。

基因同一性：基因同一性的概念是社会心理学的一位创始人库尔特·勒温最早提出的，它拓展了我们常说的同一性概念。基因同一性的意思是说物体在变化过程中保持着自己的“同一性”。甲物体和乙物体具有基因同一性，是因为甲脱胎于乙。换而言之，树与树种的基因是同一的（尽管两者外形不同），雕像与刻雕塑的那块大理石基因是同一的（同样，尽管两者外形不同）。

休息一下：基因同一性概念在运作管理中用得很少，但是你问问自己，你有同一性吗？小时候的你，甚至是1分钟之前的你，严格地说都跟现在的你不是同一的（仅仅因为现在的你老了、高了，或许更聪明了，所以之前的你和现在你的并不是所有特性都一样）。因此，你有的不是同一性，而是基因同一性。同一性概念忽略了一点，所有的物体都是自身存在过程中的一个片段，忽略了“真正的”物体是不断变化的。同一性概念在现实生活中是讲不通的，但是基因同一性讲得通。所以我们在这里引入基因同一性概念。

一方面，如果我们说病人甲在术前与术后是一样的，这是错误的。同样，我们也不能说产品在转化过程前与转化过程后是一样的。另一方面，在现实生活中，我们会用序号和身份标签辨别产品和病人，说产品/病人是这个产品/病人，不是别的产品/病人。所以，为了消除理论和实践的差别，我们把同一性的概念引申为基因同一性。

既然我们说明了（基因）同一性概念，接下来我们可以定义顾客渗透点和库存/订单分离点。先讲顾客渗透点。

顾客渗透点：顾客渗透点就是从顾客的角度创建订单的那个点，也就是说，被转化资源与特定顾客或顾客群产生了联系，如图4－6所示。产品/服务被盖上了一个“印章”，或者说获得基因同一性，表明它属于特定顾客或顾客群。

定制化（定性的）：产品/服务上的“印章”“标记”或基因同一性都是基于产品/服务的性质。

定制化（定量的）：产品/服务上的“印章”“标记”或基因同一性都是基于产品/服务的物理特征（花哨的修饰）。

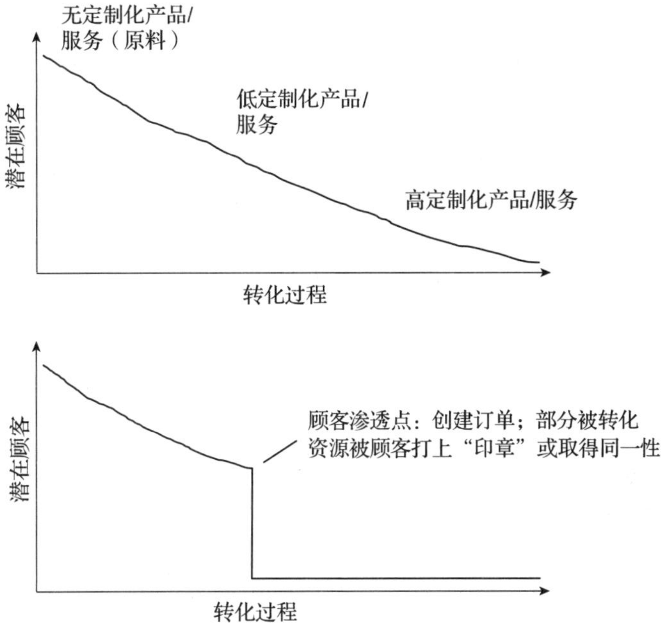

图4－6　顾客渗透点图解

例如，顾客订一份用安东尼和的面做的披萨，这就是定性的定制化。例如，顾客要求披萨的面粉是高筋面粉，或者上面要撒上100种不同的奶酪，这就是定量的定制化。不管是哪种情况，披萨都与顾客或顾客群产生联系。

公司要实现定制化，也就是说公司要保证顾客收到的是用安东尼和的面做的披萨，而且/或者用的是高筋面粉，生产控制系统就要单独识别这份披萨。生产控制系统单独识别被转化资源的那个点就是库存/订单分离点。

库存/订单分离点：库存/订单分离点就是从生产控制系统角度创建订单的那个点，也就是说，生产控制系统通过，比如说，特定的订单号、条形码等单独识别一个被转化资源的那个点。这也是被转化资源从生产控制系统得到印章、标记或基因同一性的地方。

库存控制问题：生产控制系统不单独识别被转化资源，而是控制特定部件或产品的库存水平，库存的各个产品可以互换。

订单控制问题：生产控制系统单独识别被转化资源，对流经车间的可单独识别订单进行控制。

在库存控制问题中，生产控制会设法稳定每个工位间的库存水平。我们看一个例子：生产披萨有三个工位，分别为和面、上奶酪、用烤箱烘烤。顾客一走进店里下单，烤箱就烤制一份已经配好料的披萨交给顾客（按库存配料，按订单烤制）。随后奶酪和面粉点就补充库存。只有顾客订的是普通披萨，这才是可能的。不过一旦顾客想要用安东尼和的面做的披萨（通常面粉都是弗朗西斯科和的），那你这样做就会使顾客不高兴。为了让顾客满意，披萨店只有通知安东尼来和面，并且对这个特制披萨的流程进行控制。这就是订单控制问题。换而言之，为了适应顾客渗透点（用安东尼和的面做的披萨），企业只有创建一个库存/订单分离点（来控制这个用安东尼和的面特制的披萨的流程）。

有关文献研究通常不区分这两个概念，认为它们可以换用。但是，这种认识忽视了一个事实，那就是，尽管顾客渗透点是由顾客指定的，库存/订单分离点却是由公司决定的（从生产控制角度决定）。公司应当把库存/订单分离点选在顾客渗透点的位置，但在实际操作中可能通常不是这样的。

休息一下：前面的例子阐明了一个重要方面。库存控制问题和订单控制问题都可能出现在按订单生产系统中。我们可以在按订单生产的基础上生产出标准的、可互换的披萨（库存控制问题），也可以在按订单生产的基础上制作要求特殊操作的高度定制化的披萨（订单控制问题）。因此按库存/按订单是独立于顾客渗透点和库存/订单分离点的。按库存/按订单指的是什么时候出现需求。顾客渗透点是指需求的定制化程度（顾客基因一致性），库存/订单分离点是指生产控制系统是否对转化资源进行识别（控制系统基因一致性）。只有做出这样的区分才能保证顾客收到定制的产品。因此这两个点，即顾客渗透点和库存/订单分离点应当是重叠的。

在库存控制问题中，由于被转化资源是可以互换的，我们可以把操作看作是相互独立的；但是在订单控制问题中有些事具有依赖性。因此，我们不能采取同一种控制解决方案。总而言之：

1）在库存控制问题中，你可以单独控制各个工位，就是说可以直接控制。

2）在订单控制问题中，你需要对车间的混合订单（有依赖性的操作）进行控制，这样工位就成了被控制的。因此这里的控制是间接控制。

休息一下： 订单控制问题要比库存控制问题复杂得多。因此公司通常会想办法把顾客渗透点移到流程的“下游”，比如通过延迟。这样也就转移了库存/订单渗透点，订单控制问题的范围缩小了，操作也减少了。

这两种控制问题必须用解耦库存来分离。

解耦库存： 用于分离或解耦两个或两个以上流程的库存称为解耦库存。这种库存不会跟某个特定顾客有联系。比如，一个库存控制问题可以看作是一系列被解耦库存所分离的操作。一个内部供应链可以看作是被拆分开来的不同操作（和相关控制问题），一个外部供应链也可以看作是被供应所解耦的不同流程。解耦库存可以用于解耦不同的控制问题。解耦的意思是一套流程中的波动不会传到下一个流程，而是被库存波动所吸收或缓冲了。

库存解耦点： 库存解耦点就是解耦库存的所在位置（见图4－7）。库存/订单分离点就是一个库存解耦点。

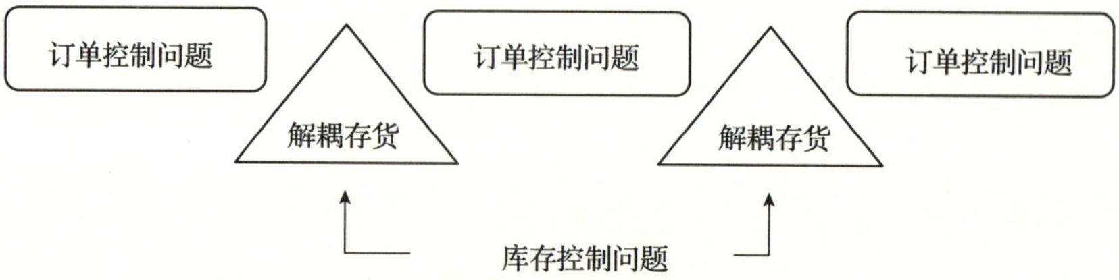

图 4-7　库存解耦点图解

标准 3：工艺路线特征

流程是产生一个结果的一系列任务或操作。这些操作一般需要以一定的顺序完成，即一项操作必须完成之后另一项操作才能够开展。每项操作（或每套操作）一般在一个工位进行。因此，操作的顺序也就意味着必经的工位的顺序，又称为工艺路线。

工艺路线： 产品/服务工艺路线是指流程操作时必经的工位顺序。

> **休息一下：** 如果不对必经的工位顺序进行约束，那么订单实际上是没有工艺路线的。比如，为了取得健康证明，你一般要做一系列的健康检查，如视力检查、验血、体格检查等。做这些检查一般没有固定的顺序，一旦做完这些检查就能拿到健康证明。在本书中，我们认为所有订单都有工艺路线。当然车间操作可能不止一条线路，但是我们应该可以定义一条工艺路线或一套可选线路。如果订单没有工艺路线，那么选择控制解决方案就不用考虑这个标准。

工艺路线至关重要，因为它决定了：

1）被转化资源进入车间、离开车间的地点。

2）流经哪些工位。

3）必经工位的顺序。

卡片控制系统需要转化资源输出率方面的反馈来控制输入率。因此，应当建立反馈回路，把握被转化资源离开工位（或车间）的时间，并将反馈信息提供给新作业等待进入工位（或车间）的那个点。因此，工艺路线对反馈回路的创建区域有主要影响。

流经车间的订单类型不同，因此产生的工艺路线特征也是多种多样。工艺路线特征可以分为两个维度：

1）订单中工艺路线的操作量，即所有订单的操作量是一样（工艺路线长度是固定的）还是不一样（工艺路线长度有变化）。

2）排序的方向，即上下游工位是固定的（定向工艺路线）还是不固定的（非定向工艺路线）。

根据这两个维度可以分出四种不同的车间，见表 4－1。根据以往文献，尤其是奥斯特曼等的研究，这四种车间分别称为纯作业车间、限制型作业车间、纯流水车间和一般流水车间（Oosterman B et al，2000）。

表 4－1　根据工艺路线特征划分的四种车间

		工艺路线操作量	
		可变的	不变的
流向	非定向	纯作业车间	限制型作业车间
	定向	一般流水车间	纯流水车间

如果我们只看每个步骤的工艺可能性（即一项作业从一个工位流向下一个工位的可能性），纯作业车间和限制型作业车间没有差别。所以后面我们只谈车间工艺路线的总体情况。图 4－8 说明了纯作业车间、限制型作业车间和一般流水车间的工艺路线特征。作业从一个工位流向下一个工位的可能性用箭头的粗细程度表示。

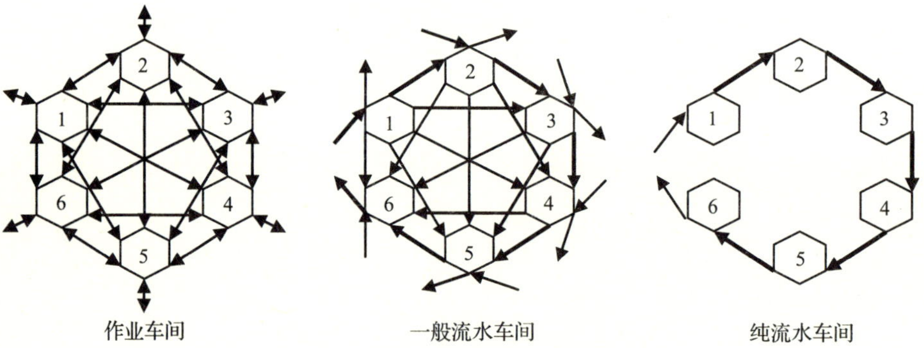

图 4-8　根据工艺路线特征图解三种关键的车间
（操作之间转换的可能性由箭头的粗细表示）

工艺路线特征是流程组合的一个特征，只有通过流程组合才能生产出流经车间的一个个产品或完成一项项服务。这与布局不同，布局是车间的一种特征。

布局： 布局是车间工位的分配，也就是车间工位的实际物理位置安排。

要注意的是，有助于决定卡片控制系统运用的是工艺路线特征，而不是布局，这一点极其重要。有人经常把两者混为一谈，因为布局也能反映工艺路线特征。打个比方，假设许多订单的工艺路线都是一样的，那我们就可以通过特定的工艺步骤对工位（布局）进行排序，使运输距离最小化。但是安排工位有没有考虑到减少运输浪费都不会影响控制问题。

如果各种订单的差别很大，工艺路线根本无法从布局上反映出来。因为存在太多可能的工艺路线安排。在这种情况下，一般会根据工位的功能或可互换性把它们组合在一起，如将磨粉机和磨粉机放在一起，将车床和车床放在一起等。

只要工艺路线不是人为固定的，比如通过传送带，不同的工艺路线特征就有可能在任意布局中出现。不过这种情况通常不会发生，因为要在车间布局中实现纯流水车间意味着极大的运输浪费。在实际的车间中，不管是车间布局还是直线型布局，其中的运输浪费都是一样的，不过如果把相同的转化资源组合在一起，产能就能得到调整，并可能出现协同效应。

休息一下：图 4-9 所示为由海耶斯和威尔莱特提出的著名产品/过程矩阵（Hayes R H，Wheelwright S C，1979），说明在实际操作中，布局类型与车间生产的产品或服务的定制量/度之间有很大的关联。该矩阵可以反映出企业一般会追求运输浪费的最小化。但是它不决定控制问题，决定控制问题的是工艺路线特征。

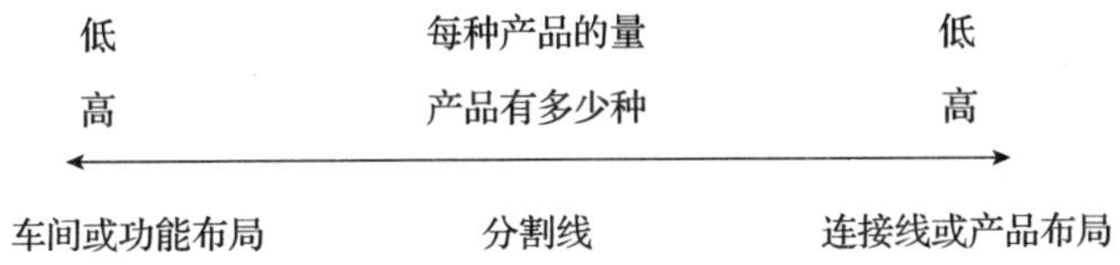

图 4-9　产品/过程矩阵

标准 4：资源需求的可变性与不确定性

最后一个标准——资源需求的可变性与不确定性，有以下两个方面，如图 4-10 所示。

1）订单加工时间的可变性与不确定性。

2）出现需求（到达间隔时间）的可变性与不确定性。

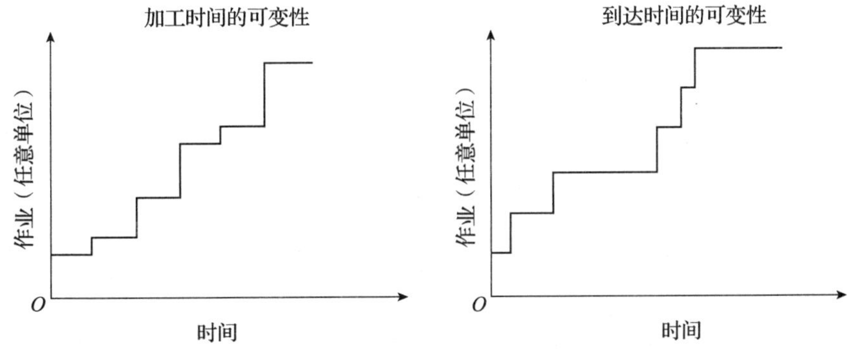

图 4-10　用需求曲线图解加工时间与需求到达时间的可变性

休息一下： 我们来看披萨店这个例子。经理知道晚上 8 点顾客一般比其他时间多一半，这就是需求的可变性（事实上如果这种可变性总是出现在同一时间，我们也称之为季节性），不过这只是一个平均值。实际上，可能有一天超过一半，另一天又少于一半，这个未知的部分就是需求出现的不确定性。在披萨里放马苏里拉奶酪要 1 分钟，放戈尔根朱勒奶酪要 2 分钟，这就是加工时间的可变性。但是这也只是个平均值。可能有时候放马苏里拉奶酪要 55 秒，有时候又要 1 分 10 秒，这就是加工时间的不确定性。这两种因素造成了资源需求的可变性。

事实上，在需求出现时，本书提到的四种卡片控制系统都能够通过限制车间作业（即通过创建订单池）来保护车间不受可变性与不确定性的干扰。所以，可变性与不确定性都不是考察特定卡片控制系统运用的标准，但是有一条标准很重要，那就是加工时间的可变性。

如果加工时间可变性很大，就需要卡片控制系统中存在某种负载均衡（也称为均衡化生产）。

负载均衡（均衡化生产）： 均衡化生产是指在车间创建各种作业来稳定工位（即以加工时间而论，工位的作业输入等于作业输出）。如果可变性很大，工作量不会马上达到平衡，车间作业的投放需要精心管理，才能使各个工位间的工作量趋于平稳。

加工时间的可变性与不确定性可以由公司掌握（至少部分掌握）。事实上，减少不必要的浪费动作，类似于减少转换时间，是实施卡片控制系统的前提。如果转换时间很长，卡片控制系统将无法运用。因此，如果有转换时间，必须先减少这部分时间再使用卡片控制系统。这样就突出了在实施控制解决方案之前，运用快速换模（SMED）等改善措施是十分重要的。

休息一下：安装事宜一般需要有一个长期的，至少是中期的规划。卡片控制系统会忽略安装事宜（比如转换时间会受顺序影响），比起计划和批量加工，卡片控制系统可能会导致转换时间增加。如果转换时间增加的弊大于库存浪费、等待浪费和生产过剩浪费减少的利，那就不应该运用卡片控制系统。也就是说，必须先减少转换时间才能运用卡片控制系统。

总结——诊断控制问题

如果你不能把本章上面的内容都记住——没关系，我们会在探讨卡片控制系统时不断回顾这些标准。到目前为止，有这么几个要点：

1）按库存/按订单分界面对控制解决方案的选择没有直接影响。它取决于需求的出现时间。按库存意味着事先对需求已有了预测，按订单意味着需求先于产品/服务过程。按库存的优势是顾客不用等待。但是，这样会出现两个估算错误，因为必须先预测需求，然后才能对生产所需的作业输入进行倒序排产。但是，在按订单系统中就不存在估算错误，因为操作是可以基于真实的顾客需求之上的。但是，顾客要等待。因此按库存/按订单分界面决定了控制系统运作中的浪费宽放。按库存和按订单另一个重要的区别在于，按库存系统一般会产生库存浪费和生产过剩浪费，而按订单系统会有等待浪费，因为它需要具备产能才能对顾客需求做出反应。

2）顾客渗透点是被转化资源开始与顾客产生联系的点。库存/订单分离点是被转化资源为生产控制系统所识别的点。被转化资源一旦与顾客产生联系，就应对它的流动进行控制。为此生产控制系统要能够对订单进行单独识别。所以，顾客渗透点与库存/订单分离点应该是重叠的。库存控制问题与订单控制问题大相径庭。在库存控制问题中，每个工位都被解耦库存（即库存是可互换的）所分离。这就便于单独控制各个工位。在订单控制问题中，为了实现工位的稳定需要对车间混合订单进行控制。

3）工艺路线是指为了完成产品/服务必要的操作流程而必经的工位顺序。工艺路线决定了：①作业进入和离开程序的地点；②经过哪些工位（孰先孰后）。因此它对反馈回路的结构产生主要影响，反馈回路应该涵盖作业进入系统和离开系统的区域，使输入率与输出率保持一致。

4）加工时间的可变性需要一定程度的负载均衡能力。只有在一段时间内平衡各种资源的工作量，减少可变性，才能降低库存浪费、生产过剩（缓冲）和等待（缓冲）浪费。

表4－2总结了四项标准和相关的卡片控制系统。我们可以借助这些标准比较和对比这四种不同的卡片控制系统，既然我们已经明确了标准，现在可以转移注意力，逐一讨论这些系统。这个任务可不轻松，接下来我们就一一介绍。

表4－2　诊断控制问题的不同标准总结

标准	描述	相关卡片控制系统			
		看板	定量在制品	POLCA	COBACABANA
按库存/按订单分界面	是需求先于转化，还是事先预料需求	独立（即不影响控制解决方案）			
顾客渗透点（库存/订单分离点）	由基因同一性决定；即被转化资源与顾客发生联系；决定库存/订单分离点（即流程中生产控制系统识别被转化资源的点）	库存控制问题	订单控制问题（看板、定量在制品和COBACABANA都是针对这种问题）		
工艺路线	必经工位的顺序	所有工艺路线特征（可变性小）	纯流水车间	仅仅是定向的工艺路线	所有工艺路线特征
加工时间的可变性	加工时间的可变性和/或不确定性	小	小	小	大
讨论位置		第五章	第六章	第七章	第八章

重点回顾

- 概述按库存与按订单的区别（按库存/按订单分界面）。按库存意味着事先就对转化操作有所预测，是先于资源需求的。按订单意味着在资源需求明确之后才开始转化操作。这并不影响卡片控制系统的适用性，但决定了系统的浪费宽放。在按库存系统中，顾客指望零交货时间。在按订单系统中，交货时间宽放是不可避免的。另一个重要区别是按库存会导致库存浪费和生产过剩，而按订单会导致等待浪费。
- 概述顾客渗透点与库存/订单分离点的区别。顾客渗透点是流程中被转化资源（未来的产品/服务）盖上“印章”、获得基因同一性的点，这个印章或基因同一性表明它属于特定顾客或顾客群。库存/订单分离点是流程中被转化资源被生产控制系统盖上“印章”、赋予基因同一性的点。顾客渗透点由顾客决定，库存/订单分离点由你决定，也就是掌握在公司手中。一般来说，至少库存/订单分离点应位于顾客渗透点的位置。库存/订单分离点造成两个大不相同的控制问题：库存控制问题和订单控制问题。前一个问题，操作可以视为独立的；后一个问题，操作有依赖性，因为被转化的各种资源有基因同一性。
- 概述工艺路线与布局的区别。工艺路线是产品/服务的一个特征，规定了实现过程操作（即生产产品/服务）所必经的工位顺序。布局是车间工位的实际模式。工艺路线是决定卡片控制系统运用的主要因素，因为它决定了作业进入和离开系统的地点，因而也决定了从输出到输入的反馈回路的位置。
- 讨论顾客需求可变性的不同形式。从顾客需求出现的时间和涉及的加工时间来看，顾客需求可能是可变的、不确定的。加工时间的可变性需要卡片控制系统有某种形式的负载均衡（也称为均衡化生产）。

本章参考文献

Oosterman, B., Land, M. L., and Gaalman, G., 2000, The influence of shop characteristics on workload control, *International Journal of Production Economics*, 68, 1, 107 - 119.

Hayes, R. H & Wheelwright, S. C., 1979, Link Manufacturing Process and Product Life Cycles, *Harvard Business Review*, (March-April), 127 - 136.

第五章
库存控制问题：看板系统

本章重点

- 概述看板系统六规则。
- 概述在制品看板系统与生产看板系统的差别。
- 概述使用看板控制独立产品/服务流流经一系列资源（即车间控制）的意义。
- 讨论看板系统的适用性。

前四章概述了如何理解生产/服务系统，什么是卡片控制系统以及本书所讨论的所有卡片控制系统有什么共同点。此外，还概述了确定不同控制问题的四个标准。本章和后面的章节将根据这些标准逐一探讨卡片控制系统解决方案（针对不同的问题都有合适的解决方案）。本章先来讨论看板系统。

看板：即一种视觉信号。看板的字面意义是对着一块板观察一段时间。它就像公司外面的一块招牌，但这块招牌是有灵魂的（Protzman et al，2010）。通常它就是一张纸、一片塑料或一块金属，即一张实物卡（举例见图 5－1）。所以看板系统也称为卡片系统—— 事实上它就是最初的卡片系统。这张卡片可能被整合在一个箱子或材料加工装置上。尽管如此，这个箱子应被想象为附带看板的箱子，而不是看板箱子。

看板系统：我们有看板，即卡片信号，我们还有看板系统，即从流通的看板中创造出来的系统。功能不同，看板类型也不同。我们将逐步了解领料看板、在制品看板、生产看板和普通看板。

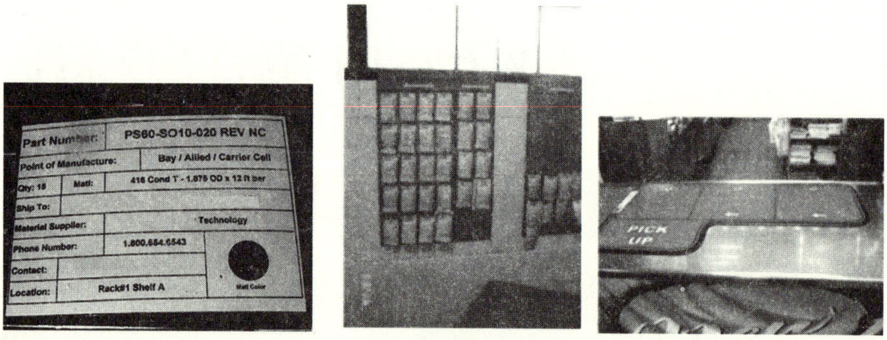

图 5－1　看板卡片举例

我们不会讨论文献中出现的所有不同类型的看板，如采购看板、库存看板、供给看板、信号看板、电子看板等。本书的目的是揭示看板系统的内在机制。因此我们重点关注那些给予我们深刻启迪的关键书籍中谈到的类型和名字，特别是门田（Monden Y，1983），大野耐一（ Ohno T，1988）和新乡重夫（ Shingo S，1989）。本书重点不是看板系统的名称，而是看板系统的运作机制，不管它叫什么，也不管它在哪儿运作。

看板系统很可能是卡片系统中应用最广、引用最多的形式。尽管如此，这种形式的卡片系统并未真正被理解。首先容易让人忽视的一个重要方面就是看板系统的发展是为了连接不同的产品/服务流，如图 5－2 所示。它们起初并不是要协调不同的产品/服务流流经同一系列的转化资源（产品/服务流必须竞争这些资源）。因此，我们首先要了解如何使用看板系统控制公司内部供应链（看板系统的初始意图），然后再讨论它对车间控制的影响。

内部供应链：供应链协调不同的被转化资源流，一条条资源流汇聚起来就像河流一样。例如，零件流向组件，组件流向部件。资源流属于公司内部，因此可称为内部供应链。

车间控制：协调不同的产品/服务流（被转化资源）流经车间（转化资源）。产品/服务流不会相互融合，总是分开。

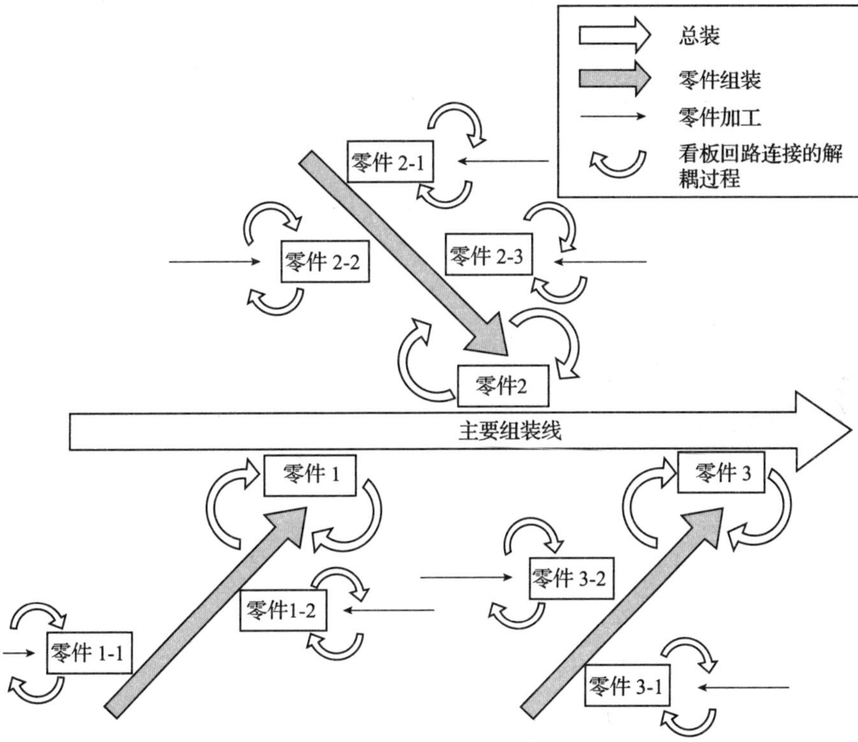

图 5－2　看板的最初发展是为了控制内部供应链——将加工过程连在一起

用于内部供应链的看板：看板系统六规则

要想真正理解看板系统，可以分析该系统创始人大野耐一最初提出的看板系统六规则。首先从第一条规则开始。大野耐一把这条规则描述为“后工序到前工序领取产品”。这不符合我们对加工的定义，即产品所经历的过程。其实，我们应该谈的是实施前/后工序的车间。因为这个说法很累赘，我们用术语“线”来代替。大家都知道一种加工（如组件加工）必须先于另一种加工（如最终整部件加工），我们就把后者称为“主线”，把前者称为“辅线”。这种调整贯穿全书。

休息一下：我们选择术语“线”而不是车间，是因为用线更容易阐明看板的运作。这个术语也许带有笔直、僵硬、标准化的含义，但是线也能代替按工作布局的车间。看板系统仅仅控制每条线的输入。内部供应链上的看板系统用来协调不同线路汇合点上的物资流。每条线究竟如何生产输出（即线内出现什么情况）与看板系统无关。

以下是看板系统第一规则：

看板系统第一规则：后工序（即后期、下游或主线）到前工序（即前期、上游或辅线）获得产品。

大野耐一说他在 1956 年参观一家美国超市后产生了这个想法：

“在超市中，我们得出这样的想法：将生产线上的前工序视为某种仓库。后工序（消费者）在需要的时候，按照需要的数量，转向前工序（超市）获取需要的零件（商品）。前工序立刻生产出刚被取走的量（即在货架上补进存货）。”（Ohno T，1988）

休息一下：消费者转向前工序的想法支持任何市场（不仅仅是超市）。要想真正理解这种对比，可以比较两套系统。一套是基于流动售货员的系统：售货员（前工序）会接待一个又一个顾客（后工序），20 世纪 50 年代的日本流行这种系统；另一套是有市场存在的系统：在这种系统中，顾客会找一个又一个售货员。事实上，大野比较的正是这两套系统。所以真正重要的并不是美国超市理念，而是“市场本身对比流动售货员”的理念。

结合大野耐一的这段话，我们可以发现很多重要问题。第一，他谈到链接过程。第二，这些加工在仓库被库存解耦。我们在第四章讨论过，解耦是指一个加工的波动不会传到第二个。实际上，这种波动被库存水平的波动吸收和容纳。第三，消耗的数量得到补充，这才是避免生产过剩浪费的关键，也是大野耐一主要关心的问题。这就引出看板系统第二规则（Ohno T，1988）。

看板系统第二规则：前工序（即辅线）只生产被后工序（即主线）取走的数量。

需要重点注意的是，如果主线取回的作业存在可变性，辅线应有能力吸收。因为如果不能及时提供所需产品，正在进行后工序的车间可能会供应不足，于是加工过程中会积累库存浪费。因此，负载平衡特别重要。只有这样，才能避免前期生产线上大量等待浪费与后期生产线上库存/等待浪费之间利弊权衡的问题。

以上提到的第一规则和第二规则建立了反馈回路，实现了输入/输出控制。看板系统的第三规则和第四规则（Ohno T，1988）将被转化资源流与看板卡片连接起来。这才建立了真正的卡片控制系统。

看板系统第三规则：没有看板，不得取走或生产产品。

看板系统第四规则：看板卡片必须附在所有产品上。

看板系统第三规则和第四规则看似有些重叠。但第四规则保证了一个看板不能使用两次。事实上第三规则与第四规则是互补的。只有当一个零件被主线使用之后，一块看板才能用于另一种不同的被转化资源。第四规则是避免生产过剩的关键规则。这就意味着你不能用一块看板取回零件，然后径直把看板从零件上取下来，再回去用同一块看板取走另一个零件。

现在来看看其中的工作原理。我们有一条后工序生产线，需要一个零件；还有一条前工序生产线，可以生产零件。两者由库存超市、仓库或库存解耦点连接。库存解耦点上的所有零件都附有一块所谓的在制品看板。同时，后工序生产线或者主线使用一块所谓的领料看板从库存超市取出物料。因此，我们实际上有两条反馈回路，如图 5－3 所示。

1）一条从后工序生产线到库存超市的领料看板回路。

2）一条从库存超市到前工序生产线或辅线的在制品看板回路。

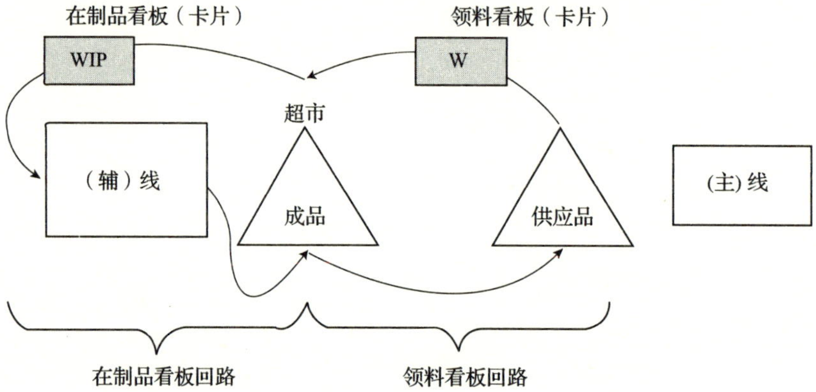

图 5－3　在制品看板和领料看板所建立的反馈回路

> **休息一下：**注意回路建立在实物（工位）与库存解耦点（库存超市）之间。我们不能用看板来连接操作或加工（两者都是动作）。所以，区别加工/操作与车间/工位十分重要，前者是产品/服务特征，后者是实物，也是前者出现的地方。

从图 5－3 可看出，似乎两条回路可以是独立的，但事实并非如此。它们实际上是并行的，因为领料看板和在制品看板必须在库存超市匹配。所以，我们来一步步探讨这个问题。

当整装组件到达主线，就是连接前期与后期操作执行的工位，一个部件或零件就组装在整装组件上了。这就意味着这个零件的看板自由了（记住所有被转化的资源都必须附有一块看板——第四规则）。这块看板变成另一新零件的领料看板。后工序取走领料看板进入库存解耦点（库存超市），如图 5－4 所示。

为了了解从库存超市取回的零件，零件上应写上相应的介绍。这就是附在库存超市每个零件上的所谓的在制品看板的功能之一。在真正的超市，人们不仅仅需要购物单（领料看板），也需要清楚了解产品所在的货架。

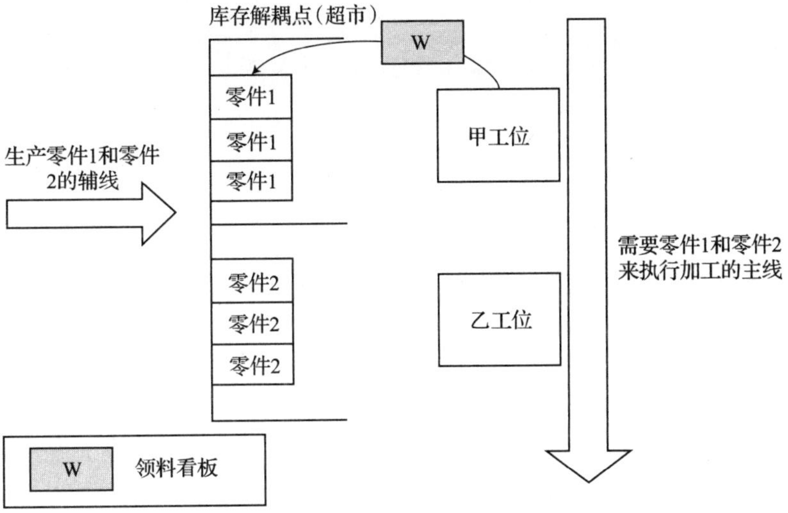

图 5-4　领料看板移至库存解耦点（库存超市）

有在制品看板并与领料看板相匹配的零件被取回。在制品看板从零件上取下；领料看板与零件一起移至主线，如图 5-5 所示。这就完成了领料看板回路。

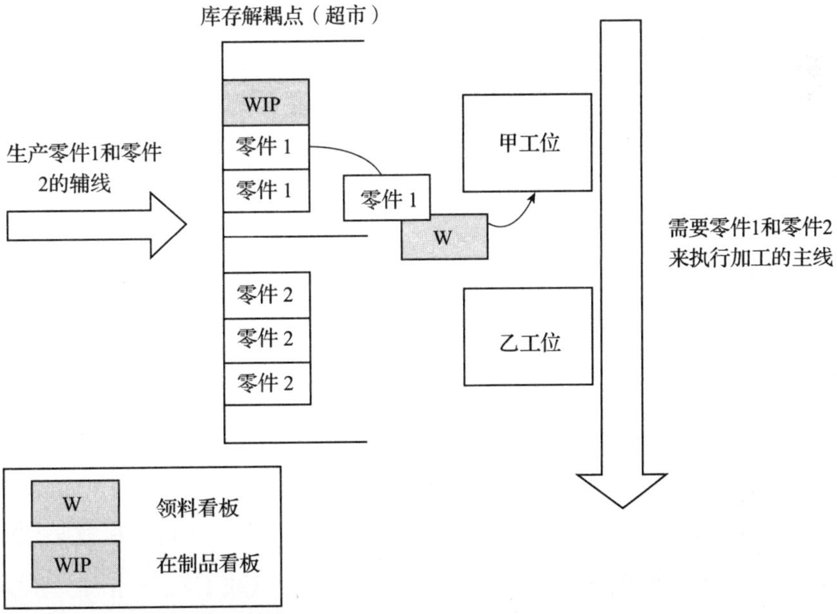

图 5-5　在制品看板从零件上取下，零件和领料看板移至主线

休息一下：我们说一个零件被取回。但事实上很多时候我们谈的是好几个零件。如果真是这样，常常会用一个固定装置来控制零件数量。这就是常说的看板箱。我们之前说过，看板箱应理解成带看板的箱子。无论看板系统控制单个零件还是控制一箱子的零件都不会影响它的工作原理。本书的主要目的就是揭示它的工作原理。

在制品看板，在之前一步已被投放，现在向辅线传达信号：必须生产新零件，如图 5－6 所示。这个启动生产的信号是在制品看板的第二个功能。随后零件就生产出来，完成在制品回路。

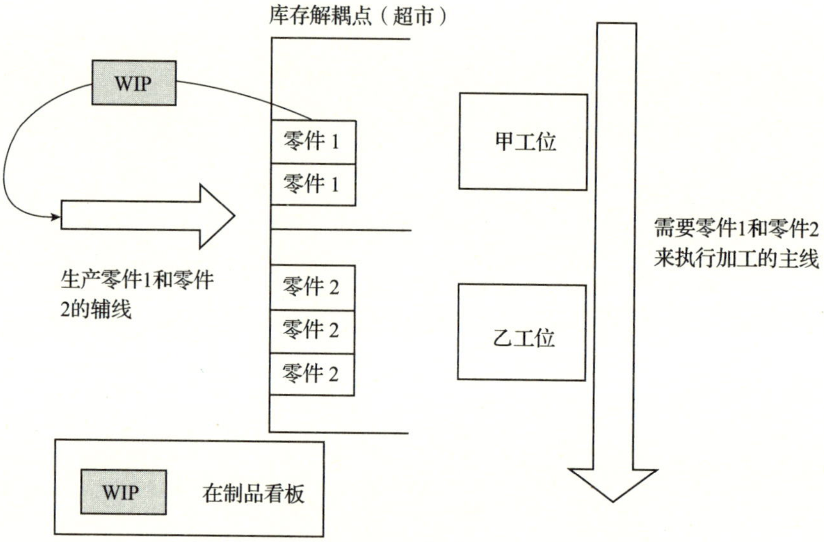

图 5－6 在制品看板移至辅线起点（启动生产）

因为没有看板（第三规则）就没有产品生产，看板数量代表车间作业的上限或在制品容量；但只有在没有看板就没有工作的情况下才可以（第四规则）。我们看到如果在制品看板在库存超市与商品分离，领料看板就必须附上去。同样，新零件被在制品看板启动引发生产后，这块看板（卡片）必须附在这块零件上。

休息一下：这里的看板是指领料看板（为获得物品），或者在制品看板，或者其他任何类型的看板。必须把它理解成一种需求信号。换句话说，禁止在无需求情况下获得或生产产品。产品是基于需求才被拉进这套系统的。

看板系统第五规则是指不合格品。事实上，缺陷在看板系统中会引起重大问题，因为一块看板附着在有缺陷的零件上。所以有缺陷零件的看板要被清除，另一块看板（有时称为紧急看板）必须补充到系统的另一位置。如果看板系统中存在许多回路，那这是相当棘手的。

看板系统第五规则：产品必须百分之百无不合格品。

之前我们已经知道质量不属于卡片控制系统考虑的范畴。第五规则对看板系统的运作非常重要。然而，这并不影响系统的内在机制。所以我们认为第五规则与前面四个规则不是一回事。

事实上包括看板在内的四大卡片系统有两大原则，前四条规则实现了其中的第一大原则：通过输入/输出控制稳定流经车间的作业量。第二大原则——减少流经车间的作业量（在制品）是由看板系统第六规则实现的。

看板系统第六规则：看板数量必须减少。

例如，原田报告中说大野耐一设定目标将在制品库存限制在五件（Harada T，2015）。看板卡片与在制品之间有联系，有联系才能将第六规则理解为要减少在制品。这种联系由第三、第四规则建立。

在制品看板与生产看板

我们在上面描述的系统提出了一个有趣的问题：领料看板如何能与在制品看板相匹配？换种方式表达就是，如果领料看板表示需要一件产品（因为商品被使用了），当领料看板到达的时候，如何能让产品已经在那儿？答案有两个：

1）在现实中，此系统中总是存在部分库存。

2）只有在领料看板取回零件甲但又不是具体的零件甲时，系统才起作用

（即对生产控制系统来说，单个零件没有基因同一性）。

也就是说，上述系统只运用于库存超市用作解耦库存时的库存控制问题。因此看板系统是由看板驱动的某种再订购点系统。在制品看板表示零件甲被使用，需要更多的零件甲，但需要的不是具体的零件甲。事实上，它基于我们对新乡重夫研究（Shingo S，1989）的理解，新乡重夫在开始介绍看板的时候就计算再订购点。

休息一下：我们还是以披萨为例。你到收银员那里点一份香肠披萨，收据就是你的领料看板。接着你到柜台取走披萨。卖给你披萨的工作人员会在一张纸上写上还要更多的香肠披萨（在制品看板），然后将纸送到披萨制作流程的起点，表示需要做更多的披萨。想要在制品看板系统起作用，显然：

1）香肠披萨必须总有部分库存，否则你就要饿肚子。

2）那时，你只能取到现有的披萨。如果你想要一份素食披萨，你就得等着（同样会饿肚子）。

但是如何做到在制品看板系统库存充足同时又满足大野耐一的避免库存过多或生产过剩的目标？其实做不到！事实上，大野耐一和新乡重夫描述的是两套不同的看板系统。我们假定两套系统丰田公司都在使用，但两者有着本质区别。

休息一下：我们把丰田公司的生产控制视作一个看板系统网络——一套系统嵌在另一套系统里。不同看板系统的嵌套是一个很重要的方面。它在本书所描写的所有卡片控制系统中都有效，这一点我们在第十章还会再讲。不管这是两种类型的看板还是两套完全不同的卡片系统，一套卡片系统嵌入另一套卡片系统都是非常有效的。也许文献中有时会暗示这些系统相互排斥，事实上根本不存在纯度问题，因为没有必要完全只用一套卡片系统。

大野耐一用的是生产看板，不是新乡重夫提到的在制品看板。这块生产看板在要求零件到达主线工位（即零件正在使用的地方）的生产之前被送到辅线。生产看板系统如图5－7所示。

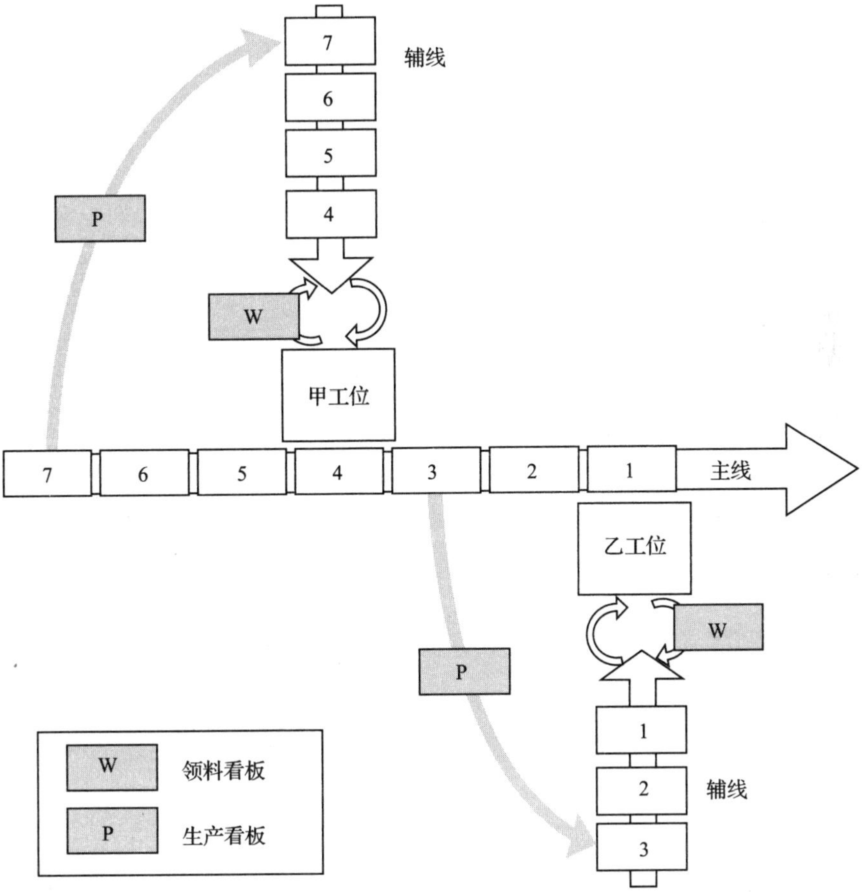

图5－7　使用生产看板的看板系统

这种变化引起两大后果：

1）库存超市的解耦库存不再是必须的，零库存/零生产过剩在理论上是可行的。我们说理论上，是因为库存常常还是用来保护整个系统，但在在制品看板系统中库存不再是必要的。

2）生产看板及与其相关的被转化资源（由辅线生产）可以与主线上

某个具体的被转化资源（由领料看板确认）发生联系。考虑到定制化零件，单个零件对于生产控制系统会有基因同一性，这样便于生产定制化零件。

休息一下：在在制品看板系统中，你可以到一家面包店买一些摆在货架上的面包。接着面包房老板会补充新的面包。在生产看板系统中，你在去面包房之前一小时给老板打电话（面包店离你有一小时的路程），告诉他你需要什么样的面包（即你向他发送生产看板）。于是老板开始做面包，一个小时后你到了，面包也做好了，你拿到刚刚出炉的新鲜热面包。

文献中常常批评看板无法容纳定制化产品（Hopp W J, M L Spearman, 2001; Suri R, 2010）。常常有人认为这会导致大量库存，因为对每一个不同的零件来说，存货必须就在手边。但是我们已经看到这些批评只针对在制品看板系统成立，其实也就是基于看板信号的再订购点系统上。这对大野耐一描述的基于生产看板的系统是无效的，这样的系统（从理论上说）可以实现百分之百定制化且库存为零。

我们说生产看板系统理论上能实现零库存/零生产过剩。主要的限制是流动时间。如果要系统正常运作，（带生产看板的）辅线产品（零件）的流动时间必须等于或少于（带相应领料看板的）主线产品的流动时间。这层关系如图 5－8 所示。由于流动时间常常依赖于产品/服务的定制化，定制化与库存水平之间存在一种权衡。

有两种方式可让主线与辅线上的流动时间达到同步，这样当辅线上生产出的零件到达工位时（辅线与主线同时在此汇合），主线上的产品也到达工位。

1）负载平衡（均衡化生产）。

2）辅线的额外产能。

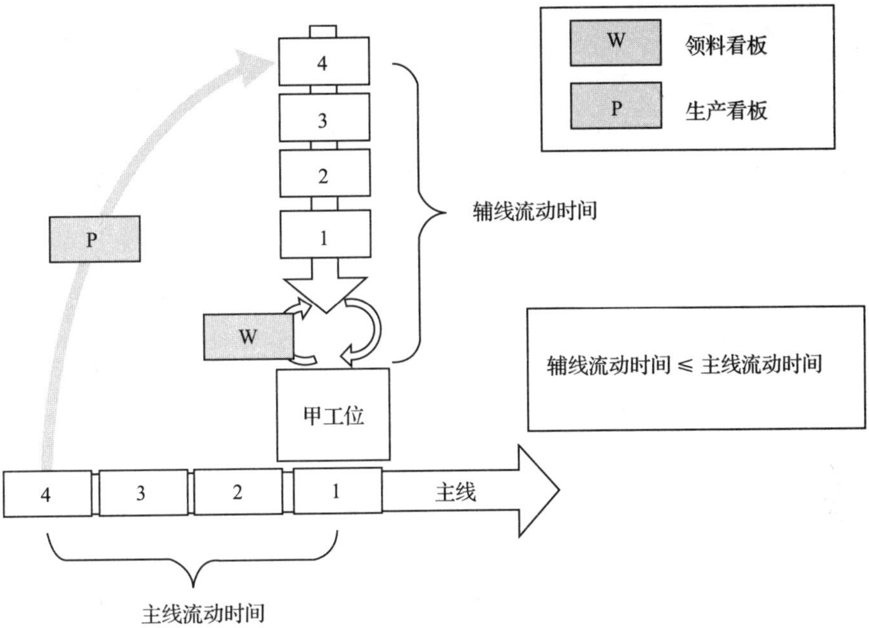

图5-8　主线与辅线流动时间的关系

休息一下：我们在前一章讲过负载平衡，或者说均衡化生产，不过说到这里，有一点极为重要，那就是我们要把负载平衡理解为在主线与辅线之间调配负载。主线上的产品应该进行适当的混合，这样主线和辅线上的流动时间才能相等。当然，这种情况很少见，辅线会产生等待浪费，但是这样的浪费应该最小化。因此均衡化生产不仅仅是要使主线负载平衡。它通过控制主线上产品生产的顺序使整个系统中的负载平衡。浪费是在主线与辅线上的浪费，所以所有的线都必须平衡。

均衡化生产（内部供应链）：指的是负载均衡或平衡。但负载平衡是针对整个看板系统，而不是单个线路。丰田公司在平衡主线的同时也考虑到了所有辅线。只有这种方法才能保证丰田生产体系的功能正常发挥。

休息一下：这样理解均衡化生产对我们关于生产均衡柜的理解提出质疑。通常认为生产均衡柜是达到均衡生产（如负载平衡）的一种装置。然而，生产均衡柜（见图5－9）只是确保主线流程的一种可视装置。仅有它还不能达到任何负荷均衡或平衡；事实上门田提出，真正的负载平衡计算应该用一种启发式计算机程序来执行（Monden Y，1983）。生产均衡柜本质上是为等待订单投放到系统中而准备的看板卡片存储设备。因此，实际上可以把它看成进入车间前的订单池。

(周期) 生产时间间隔

	星期一	星期二	星期三	星期四	星期五
产品A	A A	A A	A A	A A	A A
产品B	B		B		B
产品C	C	C	C	C	C

图5－9 储存将来进入主线的看板的生产均衡柜

所以有三种不同的看板，每一种看板都在不同的地方创建不同的信息回路，发挥不同的功能，如表5－1所示。看板的类型不是由看板本身（即它的物理特性）决定的，而是由其功能决定的。例如，一条线上的在制品看板可能变成另一前工序生产线上的领料看板。同样，如果辅线上的产出直接移动到主线上的供应，不用经过库存超市，那么领料看板回路和领料看板就都不需要。

表5－1 看板的三种类型

看板类型	使用地点	使用目的	重点评论
领料看板	在主线和库存超市（库存解耦点）之间	保证合适的产品从库存超市取走	可能是主线上的在制品/生产看板

（续）

看板类型	使用地点	使用目的	重点评论
在制品看板	在库存超市（库存解耦点）和辅线起点之间	向辅线起点表示产品使用**过了**	常由所谓的看板箱实现。重点是，与看板相关的产品是可互换的
生产看板	在主线和辅线起点之间	向辅线起点表示产品**将被**使用	包含生产信息。与具体的领料看板（及相关转化资源）有关

另一主要差别是在制品看板通常是在一个回路内，例如，如果零件被组装，同样的在制品看板就用于另一个零件。同时，生产看板可能只作用于一个具体产品（所以它们有时也称为作业订单看板）。因为在制品看板能被再次使用，往往利用所谓的看板箱来实现它的功能。看板箱是与看板相联系的物理存储设备。例如，要表示可以开始生产，不用发看板卡片，发个空看板箱就行。

休息一下：看板与看板箱总是连在一起可能会造成一些问题。在这种情况下，看板箱有时会发挥主线与库存超市之间的领料看板功能，有时又变成库存超市与辅线之间的在制品看板。分离看板箱与看板（只需将看板附在看板箱上）就能解决这种模棱两可的情况。

上述讨论探索了如何用看板连接产品/服务流，即它们当初应用的环境——内部供应链。接下来，我们将探索使用看板控制作业流流经车间的意义。

用于车间控制的看板

应用看板系统的初衷是将不同的产品/服务流连在一起。同时，在车间控制中我们协调独立的产品/服务流流经一系列转化资源。目的是协调车间的被转化资源与转化资源。

如果我们按上述讨论应用看板系统，那么两个车间就可以联系起来，如

图 5－10 所示。

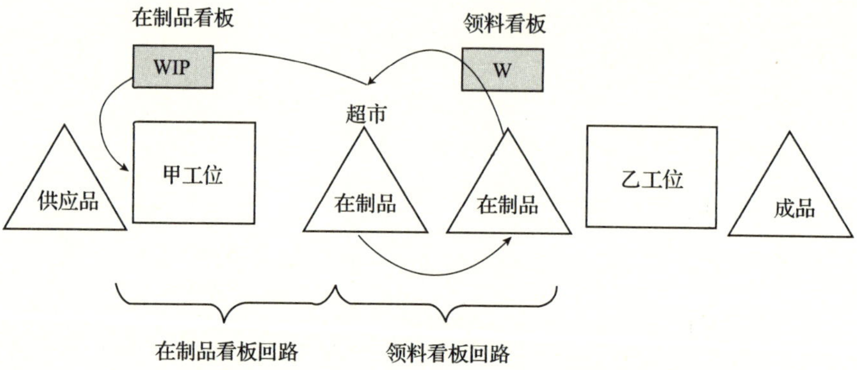

图 5－10　作为车间控制系统的原始看板

然而，通常在甲工位之后不再需要明确的在制品库存（库存超市）。其实，在甲工位完成的产品直接就移动到乙工位去排队。这样就无须使用领料看板回路。从乙工位到甲工位只有一条回路告诉甲工位某件产品已经或者将要被使用，要么是在制品看板卡片要么是生产看板卡片，这样就不存在两条回路，看板卡片也不用换来换去。由于两种都有可能（在制品看板或生产看板），这样的看板又称为普通看板。因此，内部供应链里的所有三种类型的看板可被一种看板代替，如表 5－2 所示。

表 5－2　加工控制的看板类型

内部供应链里的看板类型	车间替代品	作用	重要备注
领料看板	普通看板	保证合适的产品被取走	可作为分离看板保留
在制品看板	普通看板	向前期运作表示产品已被使用	创建一套库存控制系统
生产看板	普通看板	向前期运作表示产品将被使用	创建一套订单控制系统

从乙工位到甲工位只有一条普通看板卡片回路，告诉甲工位某个产品已经或者将要被使用，这样就不存在两条回路，看板卡片也不用换来换去。然后甲工位补充产品，如图 5－11 所示。

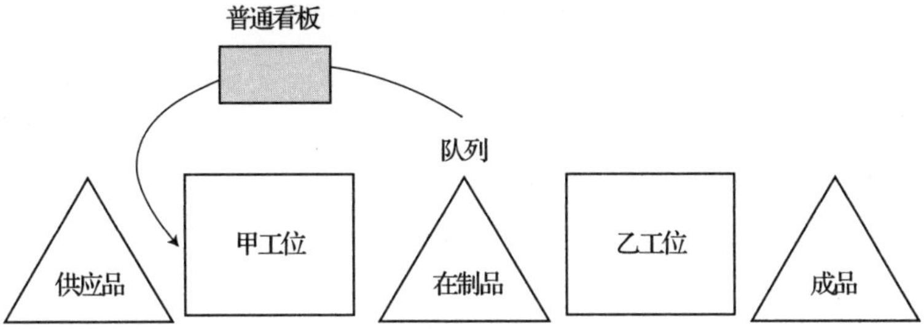

图 5-11　作为车间控制系统的看板

这些工位之间的单独的普通看板回路会产生一个典型的回路结构，这在文献中经常遇到（见图 5-12）。

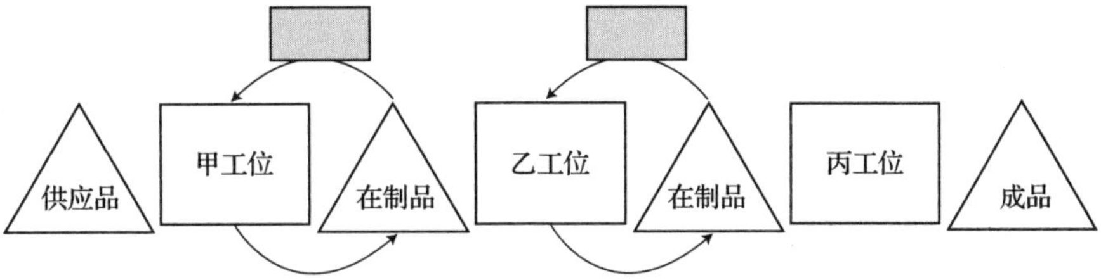

图 5-12　文献中经常描述的典型看板回路系统

在库存控制问题中，例如，丙工位拿走一件产品（被转化资源）告诉乙工位，产品被使用过了，然后乙工位补充被丙工位取走的产品。因此可以假定要求被转化的资源已在等候丙工位。通过限制每条回路内看板卡片的数量控制在制品水平。当产品进入回路，就把属于那条回路的看板卡片附上去。如果产品离开这条回路，就把看板卡片取下来，新产品的生产也就被批准了。

丙工位使用了来自乙工位的被转化资源，乙工位就补充产品。乙工位使用了来自甲工位的被转化资源（比如用来补充被丙工位使用的产品），甲工位就补充产品，以此类推。这就创建出一连串的解耦回路，如图 5-13 所示，回路中的工位不仅使用被转化资源，而且补充被转化资源。

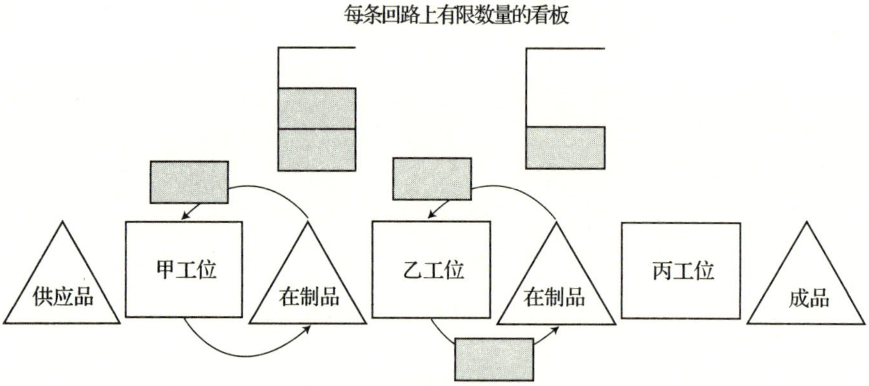

图 5－13　库存控制问题的看板系统

在订单控制问题中，丙工位告诉甲工位它需要某个零件（而不要其他零件）。看板就会发出信号表示，某一特定产品（还没有被生产）将在下一个工位被使用。例如，顾客想要用安东尼和的面团做的披萨。如果面团在甲工位制作，那么丙工位必须告诉甲工位面团必须由安东尼来和，而不能让弗朗西斯科来和。因此，甲工位向乙工位发送特定看板（说要一份用安东尼和的面团做的披萨），然后乙工位向甲工位发送特定看板，于是甲工位开始按订单生产。所以，看板需要向顾客渗透点所在的工位传送信息。我们已经看到，这一般也是库存/订单分离点。这种传送如图 5－14 所示。

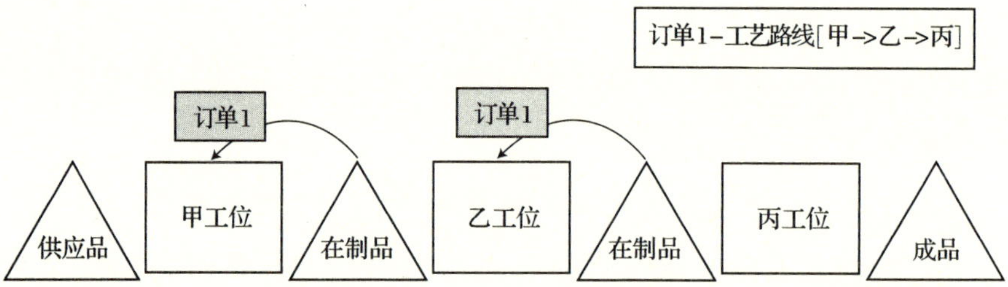

图 5－14　在订单控制问题中，必须向订单进入系统的工位传送看板

尽管订单是在甲工位处理，丙工位来的看板必须在乙工位等候甲工位的订单到达（见图 5－15）

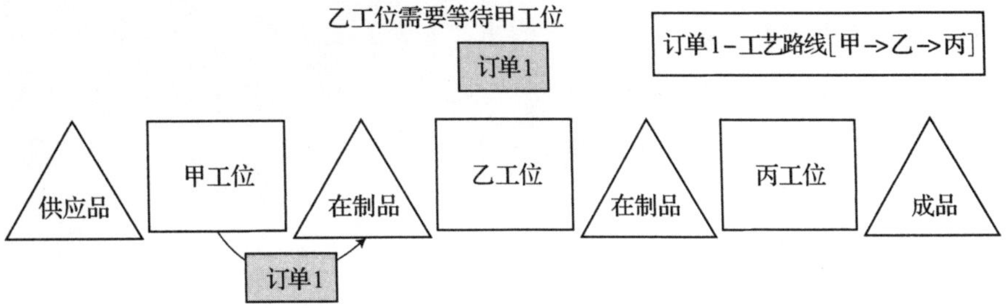

图5-15　在订单控制问题中，下游工位的看板可能要等待上游工位相关订单的到来

所以一条回路内的看板分两类，一类是当前属于直接作业的看板（看板所属的被转化资源已在工位排队），一类是当前与间接作业有关的看板（看板所属的被转化资源仍在上游的另一工位），如图5-16所示。

直接作业（负荷）：目前正在转化资源处等候的即将被加工的作业。

间接作业（负荷）：目前正在上一个（或上游）转化资源处等候的即将被加工的作业。

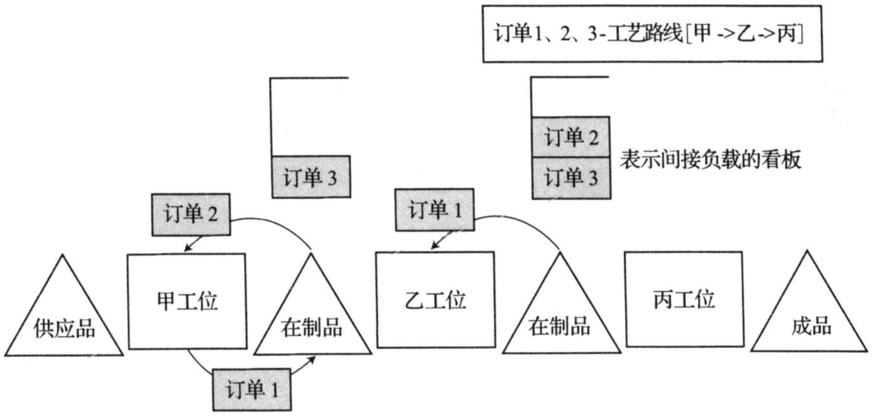

图5-16　在订单控制系统中，看板可以代表一个工位的直接作业和间接作业

休息一下：必须牢记，在订单控制问题中，看板属于订单，即被转化资源由生产控制系统特别确认。例如，看板属于用安东尼和的面做的披萨。披萨还没到奶酪工位，因为安东尼在和面（所以它代表工位的间接负荷）。看板必须等待特制披萨到来。披萨一到，（同一块）看板就代表直接负荷。换句话说，如果由它指示的被转化资源还未到达，看板就代表间接负荷；如果由它指示的被转化资源已到达工位，看板就代表直接负荷。

所以，要让系统正常运行，第二个工位的看板卡片数量需要是第一个工位的两倍，第三个工位需要三倍，第四个工位四倍，以此类推。这意味着最后工位有最高的在制品容量或者说看板数量的最高限制。由于看板系统是由最后一个工位控制的，最后工位必须允许特别多的订单进入系统，要控制系统不大可能。

休息一下：假设一条线上订单要经过六个工位，六个工位有六次操作，都是同一路径（一个纯流水车间）。车间在最后工位应有六块看板，第一工位应有一块看板。记住我们有订单控制问题——我们必须控制订单，不能仅关注库存水平。从最后工位开始控制系统意味着必须恰当地控制六个订单的投放，这样第一工位才总有作业。就让订单一个接一个进入第一工位不是更简单吗？如果操作标准化，这真不是一个难的问题，因为新任务正好有每一个操作的标准化的生产时间。但如果定制化程度很高，加工时间甚至工艺路径都各不相同，问题就复杂了。

我们要牢记一点，在库存控制问题中，看板仅仅代表一个工位的直接工作——每个工位仅仅补充已被下个工位使用的产品（为了服务顾客）。例如，讲到披萨制作，我们本可以在每个工位（功能是做解耦库存）提前准备披萨。在一个订单控制问题中，看板既代表直接作业也代表间接作业。这意味着流程的最后工位需要考虑最大数量的看板——考虑自身的直接负荷以及来自前面所有工位的间接负荷。假设（现在假设应该很容易）披萨的加工过程包括制作面团、添加奶酪、烘焙组合好的披萨。每份披萨为每一位顾客独家定制。

当顾客光临，烘焙工位向奶酪工位发出信号，要求一份带奶酪的披萨。然后看板卡片必须等待奶酪披萨的到来。奶酪工位向面团工位发出一块看板，要求和面团，然后这张看板卡片必须等待披萨面团的到来。为了避免等待，烘焙工位应该有三块看板，奶酪工位应该有两块看板，以此类推。对烘焙工位来说，有三块看板意味着（在理想情况下）一块看板属于正在烘焙工位的披萨，一块属于正在奶酪工位的披萨，还有一块属于正在面团工位的披萨，如图 5－17 所示。

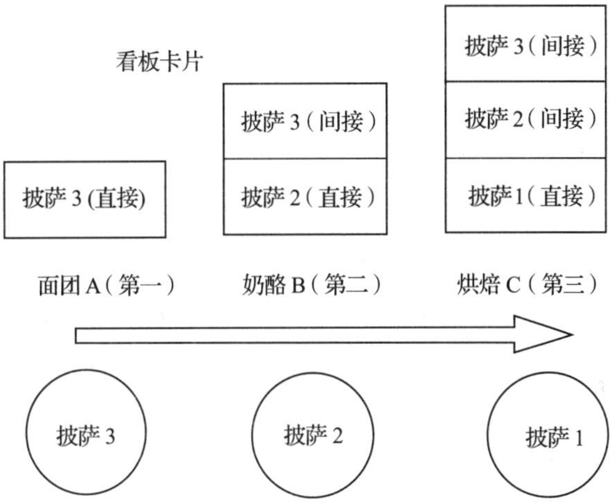

图 5－17　直接负荷与间接负荷——以披萨为例

看板系统的适用性

看板系统能高度灵活地解决控制问题，可以用来解决各种各样的控制问题。但是由于它们最初是为内部供应链而设计的，所有在这样的环境下才能发挥最佳效果。尽管它们可以应用于车间控制，但我们必须意识到它们存在着很大的局限。

让我们从顾客渗透点或库存/订单分离点开始。看板系统对库存控制问题是一个强大的解决方案，即每个工位都从其他所有工位以某种形式的解耦库存分离。然而，使用看板解决订单控制问题会产生与订单进入系统的第一个工位有关的三个信息传播问题。

1）如何让已在每条回路内重复使用的普通看板代表特定的订单而不是一般产品类型?

2）上游工位供应不足，可以加工订单，但下游工位无法传送看板，引起不必要的供应不足。这种情况如何避免?

3）既然理应控制加工的终端工位要求容纳最大数量的看板，那么如何控制加工?换句话说，如何在上游工位实现小在制品容量的同时允许下游工位拥有大在制品容量?

克服这些问题，为订单控制问题提供卡片解决方案，是发展可选的看板卡片系统的主要原因之一。

另一个标准是工艺路线的可变性。人们通常认为看板只能应用于纯流水线车间，这并不完全正确。其实，看板能轻松用于在工位间建立重叠回路去容纳一定程度的工艺路线可变性。多回路看板系统的例子如图 5 - 18 所示。然而，多回路看板系统的一个主要局限是需要建立回路来反映所有通过车间的产品/服务流的工艺路线步骤，这在可变性很大的环境下是很困难的。

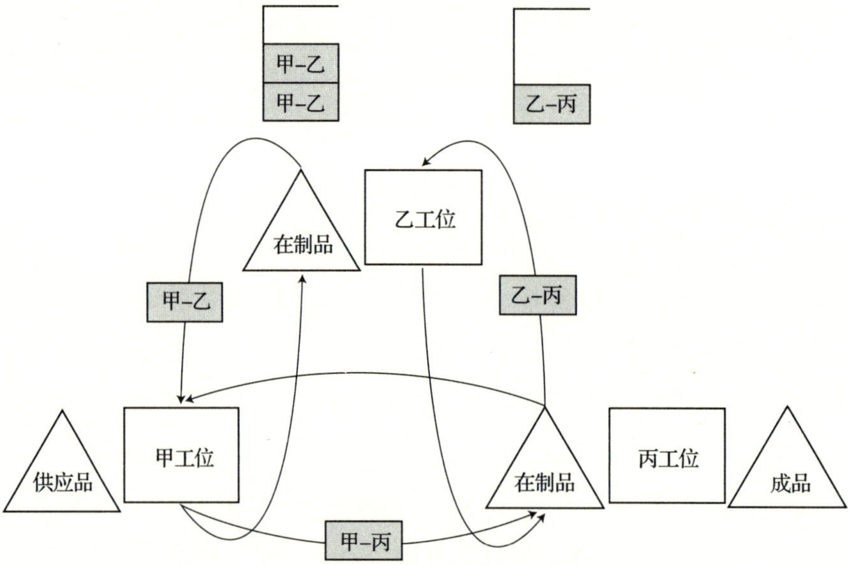

图 5 - 18　一个多回路看板系统

最后，看板系统不能结合任何实现负载平衡的机制。它们重点关注的是稳定系统中产品/零件的数量。这意味着负荷只有在加工时间可变性小的条件下才能平衡。因此，如果加工时间可变性大，就不应该应用看板系统。总的来说，看板系统记录的是在车间内阻碍负载平衡的工位的信息。我们从上文得知，负载平衡或生产平衡对看板系统的作用非常重要。然而，生产平衡本身不是由看板系统实现的，而是先于看板系统产生。

总结——看板系统

看板系统发展于 20 世纪五六十年代，为的是控制丰田公司的内部供应链，最近几十年风靡全世界。它们用于联系不同的加工或被转化资源流。后工序必须移动到前工序的生产线，以得到必要的被转化资源。前期生产线根据所使用的看板类型生产已被使用或将被使用的产品。没有一个通用的看板系统，但存在着多种看板和相关的功能。例如，我们有领料看板、在制品看板和生产看板。这些不同的看板创造出两套不同的系统，两者都可能包含领料看板。

1）在制品看板系统用于补充所消耗的产品，本质上是再订购点系统。这种系统通常在文献和实践中被认为是一种看板，大量生产中用的就是这种。

2）生产看板系统可使两条生产线同步。主线向辅线表示应该生产什么产品，何时生产，这样零件生产出来并和相应的装配件同时到达主线。所以它表示将来要使用什么产品。这个系统理论上可以完全避免库存，同时可实现最大程度的定制化。

看板的发展是为了内部供应链，本书关注的是每条生产线、每个车间内发生的状况。应用看板系统控制车间的独立产品/服务流改变了看板系统的结构。现在不需要再用三种看板，只需要一种。如果普通看板表示被转化资源已被使用，我们就有一个库存控制问题。因此产品必须是可相互转换的，这样由后期加工使用的产品就已经在前面的工位完成。所以每个工位之间都有解耦库存。

在订单控制问题中，只有特定的被转化资源可以使用，信息需要通过车间传播到订单工艺路线的首个操作发生的工位。普通看板示意前面的工位将需要特定的被转化资源。后面的工位必须等待前面所有的工位完成看板确定的特定订单。传播过程受到下列阻碍：

1）必须传播特定的两个工位间的回路中不断重复使用的看板信息。

2）上游工位处于供应不足状态，下游工位可能阻碍传播，因此出现供应不足或闲置资源。

3）下游工位需要大量的卡片（因为看板与一个尚未到达的特定订单发生联系），这与从终端工位（即实际出现需求的地方）控制加工的想法相左。

这三点严重影响了看板系统对订单控制的适用性。

同时，看板系统允许回路重叠且能容纳某种程度的工艺路线可变性。但事实上所有的工艺路线步骤必须被看板回路覆盖，这一点阻碍了它在工艺路线可变性大的环境下使用。另一个问题就是实现回流，让一些任务从甲工位流向乙工位同时也让一些任务从乙工位流向甲工位，实现这样的回流很困难。因此，看板系统中的工艺路线应该是定向的。

最后，因为看板系统并不整合负载平衡，所以它们对加工时间的可变性很敏感。

重点回顾

- 概述看板系统六规则。① 后工序（即后期、下游或主线）到前工序（即前期、上游或辅线）以获得产品。②前工序（即辅线）只生产被后工序（即主线）取走的数量。③没有看板，不得取走或生产产品。④ 看板卡片必须附在所有产品上。⑤产品必须百分之百无不合格品。⑥看板数量必须减少。第一规则和第二规则实现了四大卡片系统的两大原则之一：第一大原则，通过输入/输出控制稳定流经车间的工作量。第三规则和第四规则将看板卡片定为实现输入/输出控制的手段。第二大原则，减少流经车间（在制品）的工作量由看板系统第六规则实现。

- 概述在制品看板系统与生产看板系统的差别。开发看板系统是为了控制内部供应链，即不同产品/服务流的合流。在制品看板系统本质上是再订购点系统。后期生产线（或主线）到库存超市取走所需产品。前期生产线（或辅线）补充所消耗的产品。库存超市的功能是用作解耦库存。因此，事实上需要有一些库存，系统才能运行。生产看板系统要同步不同的生产线，这样解耦库存理论上就显得多余。在生产看板系统中，后工序生产线（或主线）在需要被转化资源之前向前工序生产线示意，将要使用什么产品。然后，当后工序生产线需要被转化资源的时候，就从前工序生产线取走。
- 概述使用看板控制独立产品/服务流流经一系列资源（即车间控制）的意义。内部供应链用到两条看板回路：一条是在后工序生产线（或主线）和前工序生产线（或辅线）终端之间，一条是在前工序生产线（或辅线）终端与这条线始端之间。两条线都被解耦库存（超市）分离。然而，我们谈论车间控制常常不需要一个外在的库存超市；产品直接流向下一个工位排队。队列到库存超市的领料看板回路也不需要了。工位之间的连接是靠一系列单独的回路。
- 讨论看板系统的适用性。看板系统对内部供应链和库存控制问题中的车间控制来说是高效的解决方案。例如，当工位互相分离的时候。然而，就订单控制问题而言，看板系统会引起几个需要注意的问题。例如，如何将信息从终端工位传播到始端工位。看板系统还要求工艺路线可变性小，路线是定向的。最后，因为看板系统不能整合负载平衡，所以只有在加工时间可变性小的情况下才能发挥作用。

本章参考文献

Harada, T. , 2015, *Management Lessons from Taiichi Ohno: What Every Leader Can Learn from the Man who Invented the Toyota Production System*, McGraw-Hill Education.

Hopp, W. J. , and M. L. Spearman, 2001, *Factory Physics: Foundations of Manufacturing Management*, McGrawHill, 2nd Edition.

Monden, Y. , 1983, *Toyota Production System: Practical Approach to Production Management*, Industrial Engineering and Management Press, Norcross, Georgia.

Ohno, T. , 1988, *Toyota Production System: Beyond Large-Scale Production*, 1st Ed. , Productivity Press.

Protzman, C. , Mayzell, G. , and Kerpchar, J. , 2010, *Leveraging Lean in Healthcare: Transforming Your Enterprise into a High Quality Patient Care Delivery System*, 1st Ed. Productivity Press.

Shingo, S. , 1989, *A Study of the Toyota Production System from an Industrial Engineering Viewpoint*, Cambridge, MA: Productivity Press.

Suri, R. , 2010, *It's about time: The competitive advantage of quick response manufacturing*, Productivity Press.

第六章

可变性小的订单控制问题：定量在制品

本章重点

- 概述定量在制品系统并与看板系统比较。
- 讨论定量在制品系统的适用性。

在前一章我们了解到阻碍看板系统用于解决订单控制问题（即车间内的订单流被控制，操作相互依赖）的主要因素是从一个工位投放到另一个工位订单的信息传播。例如，如果有一个订单需要流经甲工位、乙工位、丙工位，丙工位不能直接向甲工位传送信号。它要向乙工位传送信号，然后再由乙工位传送给甲工位。这样订单就被投放，但只有当它到达丙工位后，丙工位才能开始工作。在这之间，乙工位和丙工位的看板卡片必须等待被转化资源的到来——它们代表工位的间接作业而不是直接作业。在订单控制系统中，更为简单的信息传播办法就是由最后工位（丙工位）向第一工位（甲工位）直接传递信号。这是由定量在制品提出的解决方案。

定量在制品：这个系统由马克·斯皮尔曼、华莱士·霍普和大卫·伍德乐夫提出，是看板系统之外的一种可选的卡片控制系统（Spearman ML et al，1990；Hopp W J，Spearman M L，2001）。定量在制品系统使用一条从系统出口到入口的反馈回路。这条回路用来流通代表工作的卡片，通过控制卡片数量来控制系统工作量的上限。它在半导体产业的应用非常闻名。

让我们退后一步看看定量在制品系统与看板系统的整体差异。

定量在制品的工作原理

假设一件工作，比如说订单 1 必须从甲工位到乙工位最后到达丙工位。在看板系统中，信息从甲工位传到乙工位再传到丙工位，如本章介绍部分描述的那样，如图 6－1 所示。

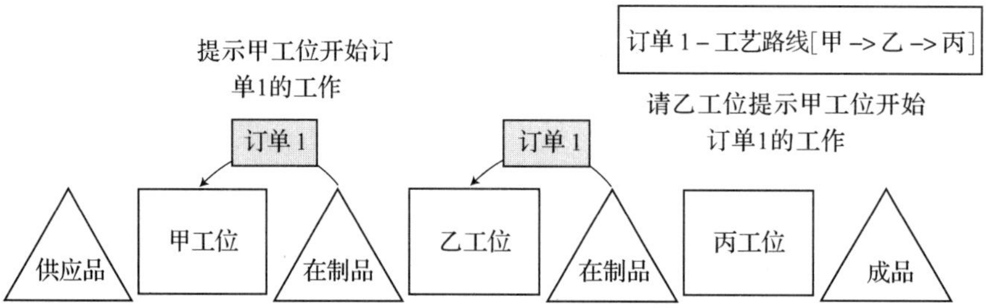

图 6－1　看板系统中启动订单 1 的信息传播

如果直接从丙工位向甲工位传达信号要求生产订单 1，这样就快得多。事实上，在制品看板和生产看板在内部供应链上就是这么做的（但不是在车间）。我们已经看到，在内部供应链中，这些看板从线的终端向线的始端发出信号，表示一个零件已经或者将要被使用。因此，应该生产另外一个同样的零件，如图 6－2 所示。

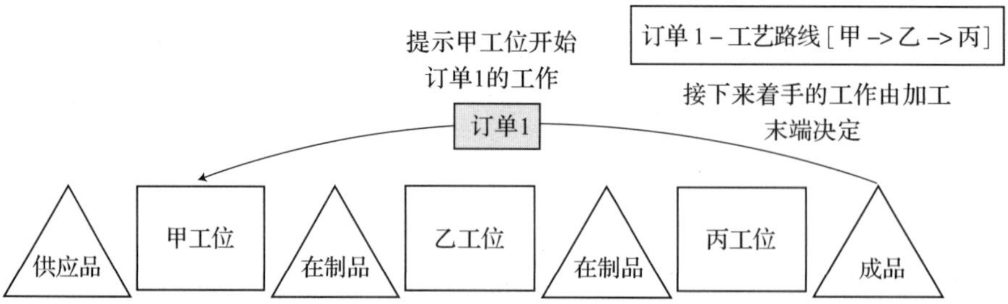

图 6－2　在非匿名卡片系统中启动订单 1 的信息传播（内部供应链里的看板）

这与定量在制品的功能相似。看板系统与定量在制品系统的主要差别在于定量在制品系统的卡片是匿名的，即它们不与特定的被转化资源相关。定量在制品卡片从线的终端向始端发出信号，表示一件工作任务已离开系统（见图6－3），意味着另一件工作任务可以进入系统（带卡片）。至于哪件工作进入车间并没有明确规定。一项工作包含哪些作业，卡片也可以不再提供这方面的信息。

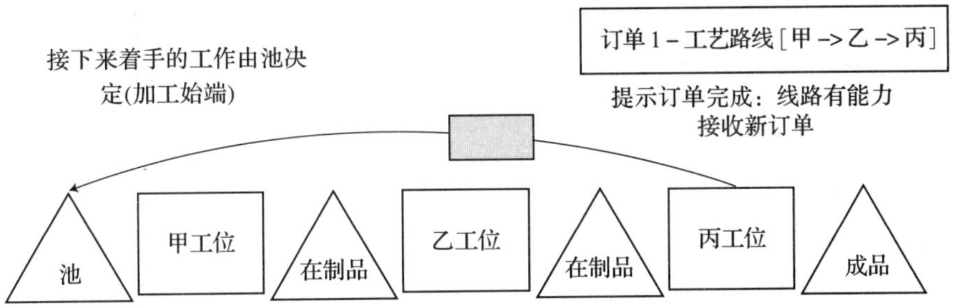

图6－3　定量在制品系统（即匿名卡片）中启动一份订单的信息传播

如果使用（工作）匿名卡片，在定量在制品系统中加工初始就决定了哪件工作下一步进入系统。相反，在看板系统中，在加工终端决定下一步开启的工作。当我们从看板系统转向定量在制品系统时，加工初始的功能也随之改变。正是在加工初始这里要做出决定，下一步投放到系统的是哪一件工作。

定量在制品系统可用两条简单规则描述。定量在制品系统第一规则与看板系统第一规则相似，保证只有输出时才有输入。然而后工序生产线（工位）并不告知前工序生产线（工位）需要什么。它只说它有能力接手下一件工作。

定量在制品系统规则一：线上的终端工位向初始工位示意完成了一件工作。

同时，定量在制品第二规则保证定量在制品容量的执行。保证生产控制系统有效（即生产所需产品）是线上初始工位的责任。比如在紧急情况下，它应该启动合适的工作。

定量在制品系统规则二：每当线上作业量低于预设限度时，初始工位开启新工作。

休息一下：写文章探讨定量在制品如何优于看板的大有人在。但大部分文献把看板视为车间控制的手段。这是一个普遍的谬论，尽管大部分看板文献考虑的是车间控制，但这并不是它的初衷。我们认为之所以出现这种混乱，可能是有些人误解了杉森耀子等（Sugimori Y，1977）和新乡重夫（Shingo S，1989）所描述的看板系统。这两张图似乎很像我们那张车间控制的看板使用图。重要的是，两张图中作者都谈到零件加工、零件组装和最后组装！所以杉森耀子和新乡重夫的两张图呈现的是内部供应链。如果卡片为匿名卡片，那么两位作者描述的每条独立的（在制品）看板回路其实就与定量在制品系统很相似。

定量在制品的适用性

定量在制品使用的是从线的终端到始端的单个回路。这是一种传播信息的简单方法，为订单控制问题提供了直接的解决方案。然而，与看板系统相比，它在库存控制系统中每个工位的作业控制上缺乏潜力。定量在制品只是控制整个系统中的负荷，而不考虑各个工位的负荷情况。

定量在制品的使用在工艺路线特征方面也有严重局限。

1）所有工作都必须在特定的点进入车间，在特定的点离开车间，这样系统中的订单数量才能由定量在制品回路控制。

2）在入口和出口之间，所有订单必须经过相同的工位（订单流不可以分离）。

3）定量在制品回路覆盖的工位数量不应太大。

第一个局限仅仅反映了这样一个事实，即建立回路必须要有两个点，所有的订单路径必须由这条回路控制。第二点强调每个工位的工作是不受控制的；一个稳定的车间并不是指工位稳定。定量在制品只稳定车间（在我们的案例中，即生产线）作业。如果仅有一条工作流，每个工位都从事相同数量的工作。但如果工作流分散，那么一条工艺路线上的工位可能超负荷运转而另一工艺路线上却可能无任务。所以定量在制品系统只能用于纯流水线车间，即所有订单以同样的顺序进入所有工位。

休息一下：如果订单没有以同样的顺序进入所有工位，订单流就分离了。例如，我们假设有四个工位。再进一步假设我们有两种不同类型的订单：一种类型订单进入两个工位，另一种类型订单进入另外两个工位。两种类型的订单都有着相同的加工时间，所以在这个例子中我们忽略加工时间可变性的影响，只关注工艺路线。定量在制品只控制系统的订单数量，不考虑实际上要经过哪些工位。这意味着只有一种类型的订单占系统订单的一半而另一种类型的订单占系统的另一半时，生产线才是稳定的。否则，系统就会失衡，导致超负荷或供应不足状态（闲置）。另一个问题就是每个工位实际的定量在制品容量与之前设置好的不同。例如，如果定量在制品容量是10个订单，那么只有在每种类型是5个订单的时候系统才会平衡。但实际出现的在制品是5个不是10个（即理论在制品容量）。同时，系统中也可能是第一种类型的工作有10件，而第二种类型的工作为零。这样两个工位将处于供应不足状态，还有两个工位会处于超负荷状态。因此，定量在制品的使用应仅限于纯流水车间。

上面说的第三点（与工位数量相关）强调工位数量与一个工位所允许的工作量的线性关系。事实上，定量在制品回路越长，需要的卡片就越多。每个工位至少应有一件工作才能避免供应不足状态。这就要求当有2个工位时，就要有2张卡，有100个工位时要有100张卡；计算很简单：每件工作有一张卡，每个工位有一件工作。如果定量在制品系统不进行反馈，2件工作或100件工作也可以就在一个工位排队，因为限制的是系统里的工作量，而不是某一特定工位的工作量。要将每个工位的限制保持在合理水平并实现控制，回路中的工位数量应相应地少。

这也许意味着生产线必须分解成段，才符合以上三个标准，这会导致多条定量在制品回路，如图6－4所示。但显然如果车间被分段，我们会逐渐接近看板系统，因此会经历看板系统中同样的困难，即从终端向始端传播信息。

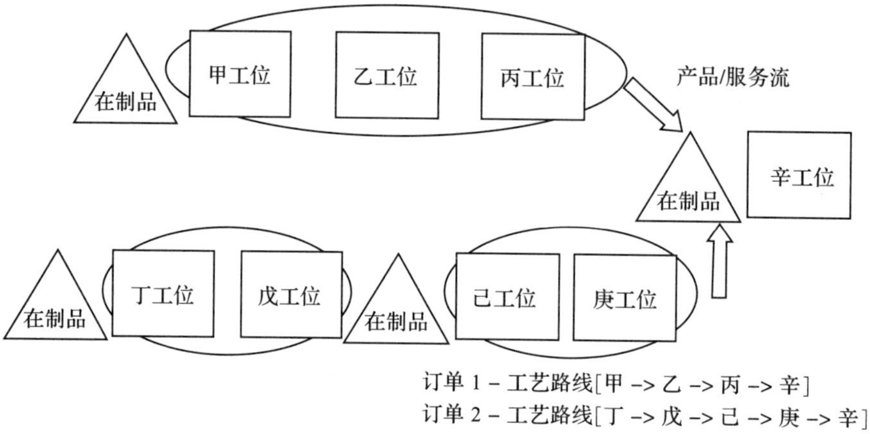

图6－4 容纳不同工艺路线的两个订单的多条定量在制品回路

最后，定量在制品只控制系统的工作量，这也暗示定量在制品对加工时间的可变性高度敏感。车间的各种工作必须平衡各工位间的作业。定量在制品系统跟看板系统一样，不整合负载平衡能力，因此它只能应用于加工时间可变性小的车间。

总结——定量在制品

定量在制品克服了生产线下一步应处理哪件工作的信息传播问题，前面我们已经发现看板系统中存在这种问题。解决办法就是直接从生产线终端向始端发送卡片（而不是一个工位接一个工位地逆向传播）。这与在制品看板和生产看板在内部供应链上的使用相似。

我们看到定量在制品系统与看板系统间的主要差异在于定量在制品卡片是（工作）匿名的。它们是与“一件工作”相关，而不是与“这个特定的工作或工作类型”相关。结果，卡片示意“一件工作已经完成（另一件工作可以开始）”，而不是表明现在该“（再次）进行这件特定的工作”。这样，进行哪件工作的决定就从生产线终端转移到始端。虽然定量在制品看板系统能很有效地解决订单控制问题，但它只能应用于纯流水车间（即所有订单按同样顺序进入所有工位），因为：

1）需要有一个所有工作进入车间、离开车间的点才能建一条回路。

2）作业流不应分离，以对在制品加以限制。

重点回顾

- 概述定量在制品系统并与看板系统比较。定量在制品系统使用从生产线终端到始端的单一回路来反馈信息。这与内部供应链上的在制品看板和生产看板相似。差别在于定量在制品卡片为匿名卡片，示意一件工作已完成。接下来开启哪一件工作由生产线始端定夺。整条生产线上的单一定量在制品回路常常被分成独立的定量在制品回路。这样的分割导致定量在制品系统接近看板系统。
- 讨论定量在制品系统的适用性。定量在制品系统可以简单直接地解决订单控制问题。然而，它不控制各个工位，只限制整个系统的工作量。因此，它应该仅用于加工时间可变性小的纯流水车间。

本章参考文献

Hopp, W. J., and M. L. Spearman, 2001, *Factory Physics: Foundations of Manufacturing Management*, McGrawHill, 2nd Edition.

Shingo, S., 1989, *A Study of the Toyota Production System from an Industrial Engineering Viewpoint*, Cambridge, MA: Productivity Press.

Spearman, M. L., Woodruff, D. L., and Hopp, W. J., 1990, CONWIP: a pull alternative to kanban, *International Journal of Production Research*, 28, 5, 879 – 894.

Sugimori, Y., Kusunoki, K., Cho., F., and Uchikawa, S., 1977, Toyota production system and Kanban system Materialization of just-in-time and respect-for-human system, *International Journal of Production Research*, 15, 6, 553 – 564.

第七章

解决订单控制问题的库存控制及物料需求计划：POLCA 系统

本章重点

- 概述 POLCA 系统并与看板和定量在制品系统对比。
- 探讨 POLCA 系统的适用性。

订单控制问题的第一个解决方案在前一章讲定量在制品的时候已经介绍了。但是我们发现它只适用于纯流水车间。定量在制品系统可以用来建立多个回路，但是这也把定量在制品系统转化为一个看板系统，因此这也造成和看板系统一样的卡片传送问题。解决订单控制问题的另一个方案就是 POLCA 系统。

POLCA：这个卡片控制系统最先是由苏丽提出的，是快速响应制造系统的部分内容，快速响应制造是一种强调生产周期短、快速响应顾客需求的管理哲学（Suri R，1998）。POLCA 系统本质上融合了物料需求计划系统（为各个工位提供信号）和看板系统卡片回路结构。

本章将探索 POLCA 系统的工作原理，尤其是它的卡片组成部分。不过让我们先澄清一下，我们讲的是工位，不是单元（这在 POLCA 文献中比较常见），下面讲的也是这个意思。事实上，我们在本书最开始定义流程中的工位时，就发现并没有固定的界限。机器、工位、作业中心、单元等，它们的区别在于我们分析的角度或层次不同，并不影响卡片控制系统的运行。实际上，20 世纪 80 年代初看板系统就已经被用来将单元连接在一起（Monden Y，1983）。因此，我们将会继续使用“工位”这个术语。但是，同样可以用“单元”或者别的词语替代。

POLCA 系统的工作原理

POLCA 系统不是一个单纯的像看板一样的卡片系统。它需要用物料需求计划系统来计算各个工位操作的最早投放时间。有了这些最早投放时间，就可以安排什么时候开始进行车间生产。

最早投放时间：决定执行操作的工位何时开始操作。称它为投放时间是因为被转化资源先在各个工位前排队等候，然后从队列里投放出去。最早投放时间由物料需求计划系统来决定。

物料需求计划：约瑟夫·奥里吉为应对丰田生产体系提出了物料需求计划。物料需求计划使用计划性协调（Orlicky J，1975）。

因此，根据 POLCA 系统，每个被转化资源（零件、产品等）在流程的每一个操作都有一个最早投放时间，它决定工艺路线里的一个工位何时可以开始执行操作。投放时间是通过物料需求计划系统计算出来的。这也提出了一个问题——物料需求计划和 POLCA 系统有什么区别？说到底，POLCA 系统所用的操作时间表不是和物料需求计划系统用的一样吗？最主要的区别是，在 POLCA 系统里，卡片是用来表示当前能力是否可用。如果能力不足，工位就无权处理订单。因此，POLCA 系统根据互相协调拓展了物料需求计划，增加了一个能力控制要素。

休息一下：POLCA 系统的一个重大缺点是需要得到物料需求计划的支持。它需要物料需求计划来计算最早投放时间，而系统本身又对这个计算出来的日期极其敏感。我们将看到，如果物料需求计划计算出来的最早投放时间太晚的话，系统实际上就会陷入供应不足状态，因为如果投放时间还没有到，工位就无权处理被转化的资源。

在 POLCA 系统里，卡片回路建立在工位、单元、工作中心、机器之间。在某条回路里操作的 POLCA 卡片仅局限于那条回路。比如，甲－乙卡片只能在甲工位和乙工位之间流通。现在，我们来描述这个回路是如何建立的。

当甲工位被安排来处理一种被转化资源，该资源下一步是到达乙工位（根据物料需求计划系统计算出来的最早投放时间），它需要从甲－乙回路得到一个 POLCA 卡片。如果 POLCA 系统的甲－乙卡片可以用，就把它贴在被转化资源上，于是甲工位就开始加工订单。总的来说，POLCA 系统里需要满足以下四个要求才能开始操作：

1）被转化资源必须已经到达甲工位。

2）甲工位必须可用。

3）甲工位这个被转化资源的最早投放时间必须已经到了。

4）POLCA 系统的甲－乙卡片必须可用，表明乙工位（的能力）将来可用。

一旦甲工位的操作完成，订单就转移到乙工位（一直贴着 POLCA 的甲－乙卡片），如图 7－1 所示。

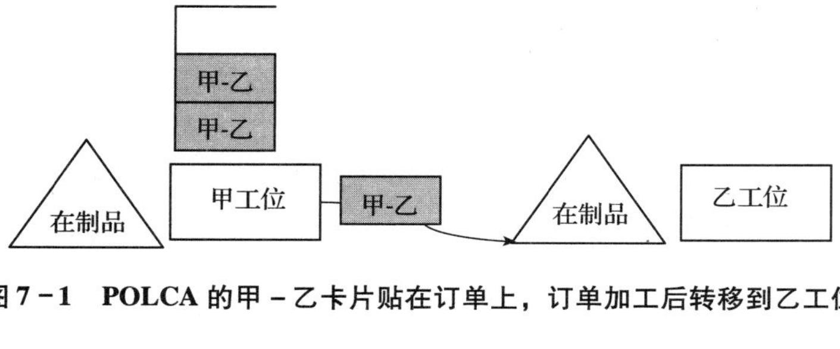

图 7－1　POLCA 的甲－乙卡片贴在订单上，订单加工后转移到乙工位

订单进入乙工位开始排队，等候乙工位执行操作。一旦乙工位的操作完成，当且仅当此时，甲－乙卡片被送回去。换而言之，被转化资源从一开始在甲工位操作就贴上了卡片，一直贴到在乙工位完成操作。把卡片送回甲工位就完成了这条回路，如图 7－2 所示。

休息一下：这个描述和 POLCA 文献里通常描述的一致。让我们再从看板系统的角度来看看同样的过程。看板系统通常是从后期工位角度来描述，即我们例子里的乙工位。但是，让我们从前期工位的角度来描述一下。假设被转化资源相同，但是现在我们没有物料需求计划系统来计算最早投放时间。因此会最先安排这个被转化资源。为了着手处理这个将到达乙工位的被转化资源，需要从乙工位得到一个看板。如果甲－乙卡片（因为它属于甲－乙回路）可用，就把它贴在这个被转化资源上，订单在乙工位得到处理。总之，在看板系统启动一项操作需要满足以下四个要求：

1）被转化资源必须已经到达甲工位。

2）甲工位必须可用。

3）这个订单必须拥有最优先的处理权（由调度规则决定）。

4）乙工位的甲－乙看板卡片必须可用，表明乙工位（的能力）将来可用。

一旦甲工位的操作完成，订单转移到乙工位（一直贴有甲－乙卡片）。订单进入乙工位排队，等候乙工位执行操作。一旦乙工位的操作开始，当且仅当此时，甲－乙卡片才被送回。

POLCA 回路和看板回路最主要的区别是，POLCA 回路中一旦第二个工位的操作完成，卡片就自由了。然而，在看板回路里，一旦第二个工位开始操作，卡片就自由了（因为操作即表明卡片在使用）。

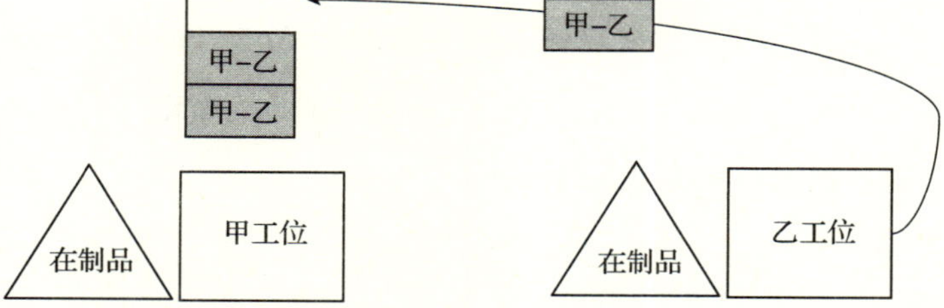

图 7–2　一旦乙工位的操作完成，POLCA 的甲–乙卡片就被送回到甲工位

这里我们谈几个极其重要的问题：

1）每条回路至少要有两张 POLCA 卡片才能避免供应不足状态，即甲工位、乙工位各一张，因为每条回路包含两个操作，操作必须在这两个工位执行。

2）POLCA 卡片表明订单工艺路线的下一个工位有产能。苏丽认为，POLCA 卡片和看板卡片不同（Suri R，2010）。看板卡片是向后示意被转化资源已经被使用了，应该进行补充。实际上，POLCA 卡片是在告诉甲工位："我们完成了你交给我们的一件工作，再发一件来。"看板卡片到前一工序取走被转化资源时正是这么做的。但是看板说的是，"我们完成了你刚才派给我们的那件工作"，而不是"我们完成了一件工作"。

3）POLCA 卡片和定量在制品一样，对工作是匿名的，只说"一件工作"。匿名的意思是卡片本身不会透露所指的是哪件工作。事实上，有人说它们代表的是能力，不与任何特定的被转化资源（零件、订单等）或任何特定操作发生联系。这就意味着它避免了直接作业和间接作业的问题。看板的一个主要功能是识别身份，保证使用的是合适的被转化资源。POLCA 失去了这种识别身份的能力。所以 POLCA 系统需要物料需求计划系统的支持。物料需求计划系统的主要功能是确保被加工的是合适的被转化资源（就最早投放时间而论）。

4）经常有人说 POLCA 和看板不一样，因为 POLCA 系统的甲–乙卡片告诉我们乙工位的产能是否可用，同时也确保我们尽可能地用好甲工位的产能。比如，如果甲–乙工位和甲–丙工位都有工作在等待（同样紧迫），而且甲工位产能可用，那么处理甲－乙工位的工作能更好地利用甲工位的产能，因为我们从甲－乙卡片知道乙工位很快就需要这件工作；甲－丙卡片也许就加到丙工位去排队。如果我们从看板的角度来看，看板肯定不会由丙向甲示意，而是由乙向甲示意，因为如果没有产能零件就用不上。因此，POLCA 系统和看板系统有着相同的回路，尽管它们是从不同角度来描述的——POLCA 系统是向前控制，而看板系统是向后示意。两种情况下，无论是在乙工位使用看板卡片还是使用 POLCA 甲片－乙卡片，都是示意下一个工位需要一件工作。

POLCA 系统的适用性

我们知道看板系统和 POLCA 系统有三大区别：

1）在 POLCA 系统里，卡片是（工作）匿名的。它们并不与特定的被转化资源及其资源需求发生联系，看板系统则不然。

2）POLCA 系统需要用物料需求计划系统来计算最早投放时间，即工作能在某个工位开始的最早日期，这是必须的，因为卡片是匿名的。

3）在 POLCA 系统里，最早投放时间不到就不能开始操作，而看板系统不存在这种限制。

POLCA 系统卡片是匿名的，所以需要物料需求计划系统。发出的信号是工位有产能，而不是应该加工什么（即怎样使用那个产能）！POLCA 系统如果没有最早投放时间来安排在工位排队等候的被转化资源，很容易导致系统生产不需要的产品/服务，因为没有关于需求方面的信息。

休息一下：POLCA 系统的卡片只说工位有产能，不会说应该怎样使用这种产能。这和定量在制品卡片相似。这也是它和看板系统最大的区别。实际上，POLCA 系统的卡片元素可以视为带定量在制品卡片（因为卡片是工作匿名的）的看板系统。

POLCA 系统所需信息由高一级的物料需求计划系统所计算的最早投放时间提供。但是，这会引入推式系统的弱点，而且 POLCA 系统对计算出的最早投放时间中的任何不准确信息都会高度敏感。比如：

1）计算出的最早投放时间太晚：尽管被转化资源可用，工位可能会闲置，因为最早投放时间不到就不能进行任何操作，这样会造成不必要的供应不足状态。

2）计算出的最早投放时间太早：会严重影响作业的先后顺序，因为哪个订单最紧迫不清楚（所有订单都紧迫）。

你可能会想：为什么卡片要匿名？实际上，POLCA 系统是用一个库存控制系统来控制订单。如果我们只看 POLCA 系统的卡片部分（忽略物料需求计划），我们就会看到一系列解耦的 POLCA 卡片回路。由于卡片是匿名的，所以每一条回路与前后回路是解耦的。与此同时，这些回路又由中央的物料需求计划系统用最早投放时间组合起来，如图 7－3 所示。

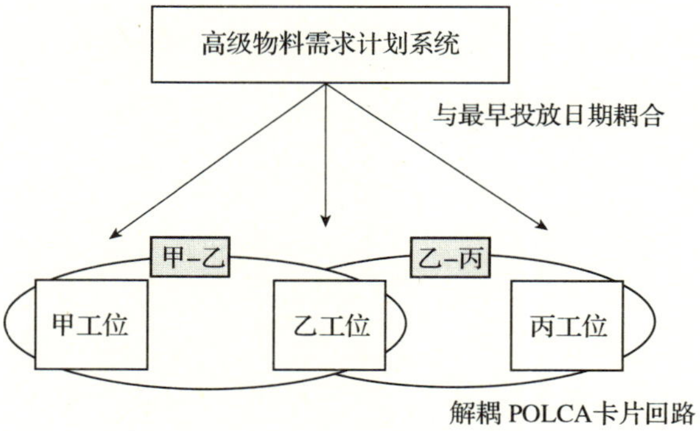

图 7－3　解耦的 POLCA 卡片回路由物料需求计划组合起来

在看板系统中，当丙工位需要告诉甲工位应该加工特定订单的时候，它要向乙工位示意，乙工位再向甲工位示意。我们之前讨论过，在碰到订单控制问题时，使用看板系统在工位之间传播信息为什么很麻烦。在 POLCA 系统中（由于卡片匿名，所以工位之间不会传播任何工作特征方面的信息），信息传播是中央物料需求计划系统的事。这样 POLCA 系统就非常适合解决订单控制问题。

休息一下： POLCA 卡片回路不提供从哪个订单着手的信息。也就是说，它们是相互解耦的。孰先孰后只能看物料需求计划系统计算出的最早投放时间。因此，POLCA 系统不（像看板系统那样）选择特定的工作，只考虑工作的紧迫性。物料需求计划对解耦的 POLCA 回路进行组合，这种情况只是在时间维度上出现。这也不难理解，因为当初发展 POLCA 系统也只是作为一门技术，目的是实现快速响应制造的一些原则；快速响应制造是一种管理哲学，强调生产周期短、快速响应顾客需要。需要什么样的操作的信息，即工位应该执行什么操作，仍然需要通过其他形式来传递。生产看板可以起到作业订单的作用，详细规定每一个加工步骤，但 POLCA 卡片相反，不提供任何此类信息。因此，POLCA 回路只是在时间层面上组合，不是在工作内容上组合。

既然 POLCA 系统和看板系统都有相同的物理回路结构，那么工艺路线上的局限也都相同。一个重要不足是，流经车间订单的所有可能的工艺路线步骤都需要提前设定一个 POLCA 回路。这也意味着，工艺路线可变性大会造成庞大数量的回路，这样就很难处理了。因此，只有工艺路线简单的时候我们才应当运用 POLCA 系统。另一个重要不足是如果工艺路线不定向的话，POLCA 系统会造成堵塞。容易造成堵塞的工艺路线特征举例如图 7－4 所示。图 7－5 描绘的是被堵塞的系统。因此，POLCA 系统应当只用于定向工艺路线的车间。

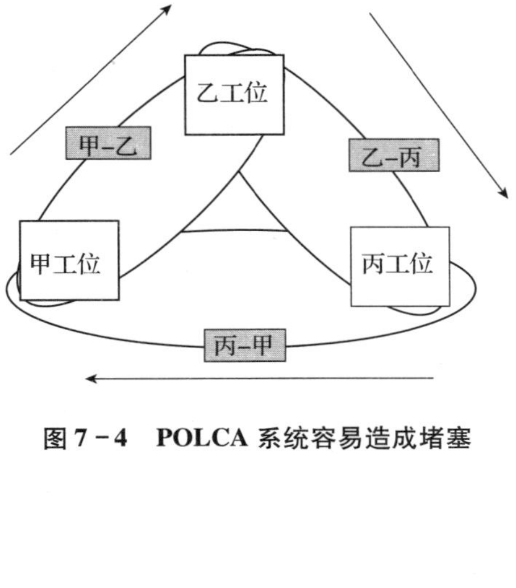

图 7－4　POLCA 系统容易造成堵塞

堵塞（POLCA 系统环境下）：意思是说一个工位（比如说甲工位）不能开始加工某个订单，因为另一个工位（乙工位）占据着它所需要的 POLCA 卡片。而乙工位也不能开始工作以投放甲工位所需的 POLCA 卡片，因为它需要甲工位的 POLCA 卡片——就是这么个僵局！

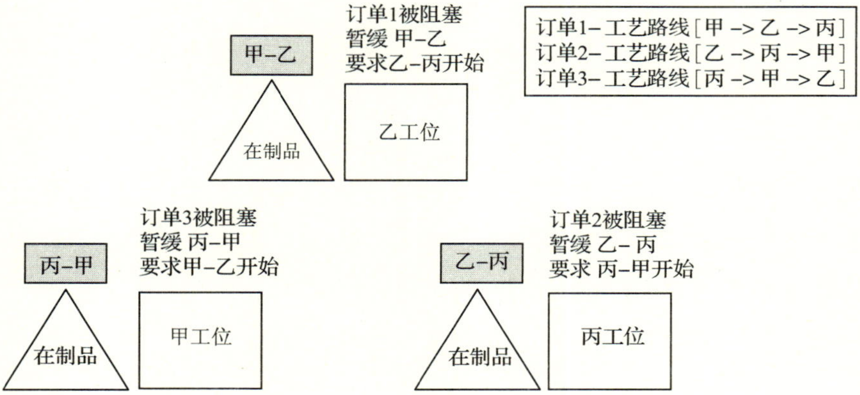

图 7－5　被堵塞的 POLCA 系统

休息一下：你或许会问，如果看板回路和 POLCA 回路如此相似（甚至相同），那为什么看板系统不会堵塞？这里我们碰到的是订单控制问题。如果看板用于解决订单控制问题，我们之前也讲过，最后一个工位就需要将信息一个工位接一个工位地往前传递。因此，每个工位与间接负载相关的卡片就应该在那个工位等待。POLCA 系统的问题是它将一个订单控制问题转化成一个库存控制问题。或许你已经注意到了 POLCA 卡片从不代表间接负载。与此同时，在一个库存控制问题里，工作是可互换的，因此像图 7－5 描述的情况不可能发生。因为所有的三个订单都有特定的工艺路线，它们明显是不能互换的。

如果我们想把图 7－5 讲的问题转化成看板系统的库存控制问题，我们至少需要三个看板（每个工作一个）。这对看板来说是个主要的诟病——每个特定的订单/零件至少需要一个看板。然而，实际上把这个问题转化成为一个库存控制问题或许更简单一些。这可能会增加库存（因为每个订单的库存都需要保留），但是会大大简化控制问题。请记住库存/订单分离点是由你自己决定的。往往是这样——要想做出一个平衡的决定，必须考虑到种种可能性。

最后，与看板系统和定量在制品系统相比，POLCA 系统不具备任何工作负载平衡能力。当加工时间可变性大的时候，这会让它的使用受到限制。换而言之，POLCA 系统不会在车间建立多项工作来平均各个工位之间的工作负载。相对于看板系统而言，POLCA 系统把负载信息保持在局部。此外，POLCA 卡片是匿名的，不会提供加工时间方面的信息。

总结——POLCA 系统

POLCA 系统就像看板系统一样，在工位之间使用卡片回路。然而，和众多的看板系统不同的是，POLCA 卡片是（工作）匿名的。和定量在制品卡片一样，POLCA 卡片示意作业已经完成，以这个工位为目的地的新作业可以开始了，但不会明确指出是什么作业。这就将每条 POLCA 回路解耦了。不过，接下来该做什么工作依然不明确。实际上，如果 POLCA 卡片回路是单独使用的，每个工位理论上可以加工一个不需要加工的订单。为了确保只完成所需要的作业，POLCA 由一个物料需求计划系统来支持。物料需求计划系统计算出每个操作的最早投放时间，这样就能确保只加工那些紧急的订单。然而，引入物料需求计划也会带入推式系统的一些瑕疵——对计算出来的投放时间中的不准确非常敏感。事实上，如果最早投放时间太晚的话，就会造成多余的供应不足状态，因为如果最早投放时间不到，工位就不能着手操作（即便工位处于供应不足状态）。与此同时，如果最早投放时间太早，所有订单就都成了紧急订单，这样就难以安排作业先后顺序。和定量在制品系统相比，POLCA 系统可以允许工艺路线可变性比较大，但是我们也看到了回路结构里的反馈回路会造成堵塞。

重点回顾

- 概述 POLCA 系统并与看板系统和定量在制品系统对比。POLCA 系统包含两个部分：①用来进行产能控制的卡片部分；②用来安排作业先后顺序的物料需求计划部分。卡片要素和看板系统有着同样的回路结构，但是 POLCA 卡片是匿名的。在这个意义上，它们和定量在制品卡片相似。
- 探讨 POLCA 系统的适用性。因为 POLCA 卡片是匿名的，所以工位是解耦的。这避免了卡片传播信息对看板应用于订单控制问题造成影响。然而，它需要一个物料需求计划来安排订单的先后顺序，因为 POLCA 卡片不会指明接下来加工哪个订单，而且 POLCA 系统对最早投放时间里的不准确会非常敏感。POLCA 是订单控制问题的一个解决方案，相对于定量在制品系统而言能允许工艺路线有更大的可变性。然而，如果工艺路线是非定向的，它可能会造成堵塞。至于看板系统，每一个可能的工艺路线步骤里都要建立卡片回路。因此，它只能在工艺路线可变性小的车间使用。POLCA 系统不具备负载平衡能力，只能在加工时间可变性小的车间里使用。

本章参考文献

Monden, Y., 1983, *Toyota Production System: Practical Approach to Production Management*, Industrial Engineering and Management Press, Norcross, Georgia.

Orlicky, J., 1975, Material Requirements Planning: The New Way of Life in Production and Inventory Management, McGraw-HilL.

Suri, R., 1998, Quick Response Manufacturing: A companywide approach to reducing leadtimes, Productivity Press.

Suri, R., 2010, *It's about time: The competitive advantage of quick response manufacturing*, Productivity Press.

第八章

如何解决可变性大的订单控制问题：COBACABANA 系统

本章重点

- 概述 COBACABANA 系统并与其他卡片系统比较。
- 讨论 COBACABANA 系统如何支持负载平衡。
- 讨论如何才能简化对加工时间估算的要求。
- 讨论避免不必要或者过早闲置的重要性。

现在来总结一下目前为止我们对卡片系统的了解（第五～七章）。首先，看板系统是个十分强大的内部供应链工具，因为不同的产品/服务流需要进行协调。但是看板系统只能控制流经车间的独立产品/服务流，即车间控制，因为看板回路是彼此解耦的。我们将这种控制归类为库存控制问题。如果看板系统是用来控制特定订单的流程，我们就会碰到工位与工位之间传播信息的问题。事实上，在订单控制问题上，看板代表的也许不是一个工位的直接负荷而是仍然在上游、尚未到达的间接作业。这意味着第二个工位的看板应该是第一个工位的两倍，第三个工位的看板应该是第一个工位的三倍，以此类推。越是下游，间接负载越多，需要的看板卡片数量就越多。由于看板系统是由流水线上最后一个工位来控制的，因此在订单控制问题上，控制变得更加复杂。

解决订单控制问题有一个简单的办法，那就是采用定量在制品系统，只要在第一个工位和最后一个工位之间建立一个回路就能避免工位之间的信息传播问题。但是，这个回路必须反映所有可能的工艺路线，也就是说所有的订单都必须从同一个工位进入车间，从同一个工位离开车间。此外，定量在制品系统只控制系统内的工作量（和作业），并不控制每个工位的工作量。要控制每个工位的在制品，定量在制品系统应该只适用于一种纯流水车间（即作业流不分开），而且加工时间的可变性也应该很小。

订单控制的另一个解决方法是运用 POLCA 系统。我们看到，POLCA 系统使用了（工作）匿名卡片来代表工位的可支配产能，从而避免了上述看板系统引起的问题。匿名卡片将回路解耦。这样订单库存问题就转化为库存控制问题，卡片只代表直接负载。事实上，POLCA 系统没有规定接下来生产哪个订单，因为订单没有标明孰先孰后。为了安排订单的先后顺序，需要使用高一级的物料需求计划系统。这个物料需求计划系统为订单工艺路线上的每步操作计算出最早投放时间，旨在确保只加工那些被需求的订单。然而，这也让 POLCA 系统对计算出的最早投放时间中的任何不准确变得非常敏感，从而又带来推式系统的一些缺陷。

表面上订单控制问题有解决方法，但这些方法只适用于工艺路线和加工时间可变性较小的环境。这样许多车间就无法受益于简单的卡片控制。但是，我们来考虑一下什么样的卡片控制系统才能适用于可变性大的环境。

1）在车间之前使用一个明确的订单池：我们知道定量在制品系统在第一个工位和最后一个工位之间建立一个回路，避免了工位之间的信息传播问题，但是它需要所有工作的工艺路线中有个固定的第一工位。在变化大的环境下，可以在车间之前使用一个明确的订单池。这样，订单可以从任何工位进入车间。

2）控制订单池到车间的订单投放：可以通过投放功能来投放订单，

满足某些性能指标，如限制在制品水平或遵守交货期。例如，可以为每个工位设置在制品容量，可以根据紧急程度来考虑何时投放每份订单。

3）利用车间的反馈信息控制订单投放：何时投放订单可以由各个作业点的负载信息来决定，这可以从车间各个工位与中央池之间的卡片回路看出。

4）使用集中的信息在车间内创建多项工作，平衡各种资源之间的工作量：将所有负载信息集合在一个地方便于考虑负载平衡，适应加工时间的可变性。

我们在本章研究的最后一个卡片控制系统就是这么一个基本思想——卡片导航平衡控制系统（COBACABANA）。

COBACABANA：这个系统是兰德提出的，用卡片进行**负载控制**，是专门为车间环境设计的一种生产控制方法（Land M J，2009）。工作负载控制不会把作业直接投放到车间，到达的订单需要在车间前的订单池里等待安排。订单从订单池里投放出来，要在车间内创建多种订单来稳定工位之间的在制品，同时实现其他性能指标，比如遵守截止日期。这个投放决定是在得到现有车间工作量反馈的情况下做出的。在兰德提出这个卡片系统之前，工作负载控制通常是使用某种软件实现的。

COBACABANA 系统的工作原理

COBACABANA 系统在做出投放决定的中央计划板和车间各工位之间建立卡片回路。它和其他在工位之间建立卡片回路的系统不同，它在车间之前有个中央作业池，这样就可以适应所有工艺路线的特性。然后，订单从这个作业池投放，从而平衡工作负载，满足交货日期。该池和它的投放功能相当于一个过滤器或者漏斗（见图 8－1），控制着进入车间的作业。

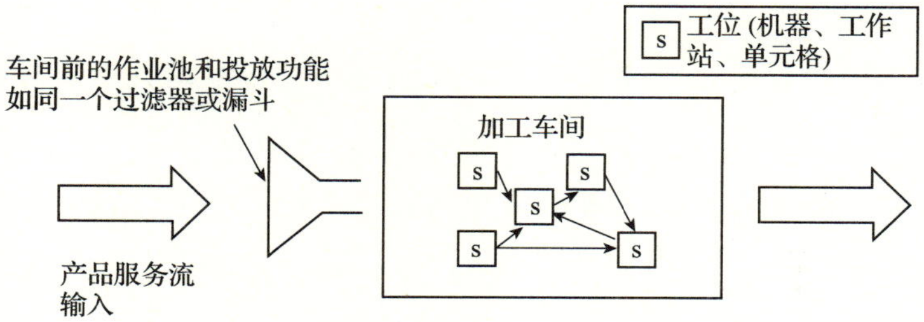

图 8－1　车间前的作业池和投放功能如同一个过滤器或漏斗控制进入车间的作业

卡片是成对的：①每次操作一张投放卡；②每次操作一张操作卡。卡片按大小代表一定的工作量。投放卡留在计划台，操作卡跟着订单走，直到操作完成。投放卡用来计算投放时的工作负载，操作卡用来提供当时车间负载情况的反馈。整个 COBACABANA 回路结构如图 8－2 所示。

休息一下：如果一个订单包含 6 个操作，那它在工艺路线的第一个工位就有 6 张操作卡。第一个操作一结束，相应的卡片就送回到计划台（提示操作结束），订单带着剩下的 5 张卡片继续去往下一个工位，以此类推。

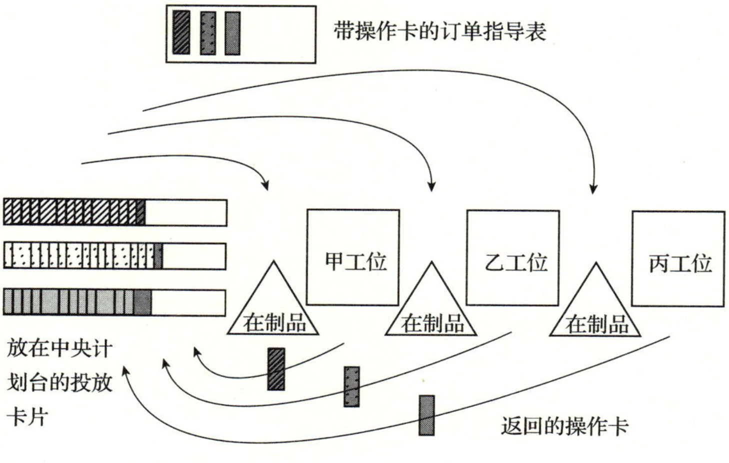

图 8－2　COBACABANA 系统——中央计划台与各工位之间的回路

COBACABANA 系统和看板系统的主要区别有：

1）COBACABANA 系统在各工位与中央投放功能区之间建立回路，不是在车间的工位之间建立回路。这样可以适应所有可能的工艺路线排列。

2）卡片与工位和订单都有关（每张卡片代表工位的一个特定操作）。

3）卡片代表了工作负载量（用加工时间来衡量），该工作负载量取决于订单操作在某工位所需的工作。

4）工作负载量由卡片大小表示。

第一个区别克服了信息传播的问题。其余三个使 COBACABANA 系统平衡了各个工位之间的工作负载，实现了部分投放功能。

投放决定发生在：

1）当一个操作完成或者新作业进入订单池的时候（即随时不间断）。

2）在设定好的周期性时间段内。

休息一下：例如，在机场检查护照的时候经常碰到投放系统。机场有好几个柜台，乘客不能只在一个柜台前排队。事实上，人们要在柜台前方的一个空间（池）排队等候，然后才被允许去到不同的柜台，这样每个柜台排队的人就一样多。机场执勤人员通常在排队系统发生变化的时候放人去柜台排队，不断地放人。周期性时间段的例子比如红绿灯。在一个时间段内车辆（订单）被投放进入马路（车间）。如果红绿灯使用得当，可以有助于稳定系统的车流量。尽管周期性的红绿灯很常见，但有些国家在任何时候都允许在路口的车辆根据路况（是否有其他车辆经过路口）向右转弯。这里引入了一个连续的投放要素。在这些情形下，周期性的投放和不间断的投放双管齐下，防止“不必要的”或过早的闲置（即右转车辆在前方路况空闲的时候也要等候）。

一般而言，不间断地做出投放决定最好用于纯流水车间，而在工作车间或者一般流水车间宜采用比较固定的、周期性的方法。其中的原因我们接下来讨论“不必要的”闲置或供应不足（及如何避免）时再进行探索。让我们先介绍一个避免供应不足的方法——主要投放功能。

休息一下：我们用“不必要的”这个词是想强调，在不是100%的利用率（100%利用率只有在一个完全同步的车间才有可能，所以是一种理想状态）的情况下，必然会出现某种闲置。重要的是在有工作等着要干的情况下避免供应不足——这在文献中也称为过早闲置，下面会详细讨论。

平衡工作负载：COBACABANA系统的主要订单投放功能

COBACABANA系统的订单投放功能的主要目的是在车间建立多种工作来平衡各种资源之间的工作负载。它是通过有选择地从池中投放订单，将工位之间的工作负载保持在一定限制或标准之内（即在制品容量）。为了达到这个目的，必须想办法测量车间的工作负载，测量好了才能控制。COBACABANA系统里的卡片反馈回路可以让车间的工作负载变得很直观，有利于做出投放决定。下面我们来看看投放决定是怎么回事。

首先，为确保合适的订单进到车间里，池里的订单根据第三章讲过的订单池排序规则进行排序。然后考虑投放订单，从排在第一的订单开始。

正在考虑投放的订单，其工艺路线内各个工位操作的工作负载加到相应工位的负载。换言之，每个订单工艺路线的工位都要拿一张投放卡和一张操作卡（大小与工位订单的工作负载对应），然后再把投放卡加到中央计划台的计划板上该工位的工作量上。

计划板：这个简单的板用于订单投放时所需的计算。投放到各工位有待加工的工作负载都表示在计划板的卡片上。

如图 8 -3 所描绘的计划板所示，一个带有两个操作的新订单准备被投放：一个操作在乙工位，一个操作在丙工位（深灰色）。被投放到车间还没有完全加工的订单都带有那个工位的投放卡（大小合适），卡片贴在计划板上。因此，所有投放卡组成的柱状图表示一个工位的直接工作负载（排队的和在加工的）和被投放到车间即将加工的工作负载（间接工作负载）。直接工作负载和间接工作负载的总和被 COBACABANA 系统所控制。所以，COBACABANA 系统控制的不是一些卡片，而是卡片所代表的工作负载。

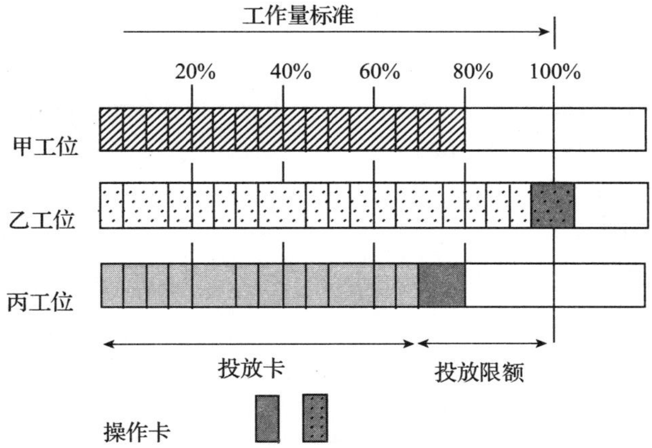

图 8 -3　计划台的订单投放计划板（附带一个投放决定的例子）

休息一下：或许把计划板旋转 90°更容易让人理解，如图 8 -4 所示。现在你可以想象到工位前方的各个柱状图。这些柱子代表这个工位现在被投放的工作负载。每当一个操作完成，工作负载都会更新——只要操作一完成，操作卡就会被送回，相应的投放卡就被取走。所以 COBACABANA 系统的计划板就像一个实时的操作员平衡表。或许你会问为什么我们不这么表示计划板。那么让我们试着从中间拿走一个卡片看看！

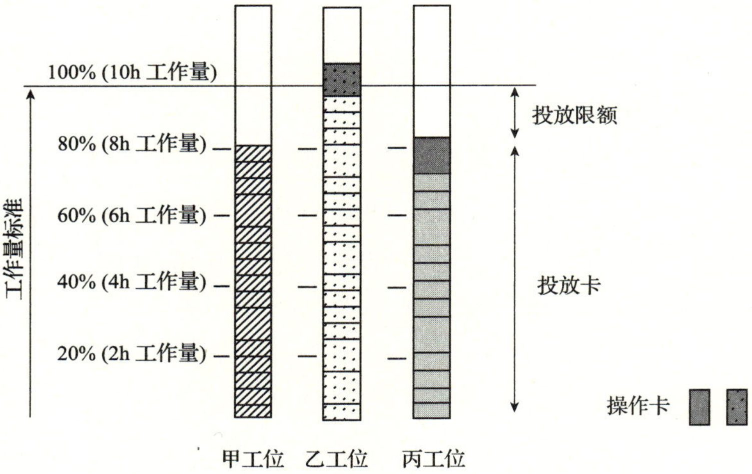

图 8－4　旋转 90°后一个计划台的 10 小时工作负载的计划板（实时的操作员平衡表）

操作员平衡表：这是一个堆积的条形图。工位各个操作的工作负载叠加起来构成一个条形。条形代表即将或者正在某工位的工作负载。当它被限制在一个最大工作负载限额之内（在生产线平衡时的循环时间内）时，工位间的工作负载可以得到平衡。

可以投放到某个工位的工作负载被在制品容量或负荷限额所限制。

负荷限额（在制品容量）：这是投放到工位（和车间）的最大工作负载。它的一个重要特点是它限制了工作负载（工位需要加工的作业）而不是工作件数。

把工作负载保持在负荷限额以内就可以控制工作负载。在订单的工艺路线的任意一个工位里，由投放卡表示的工作负载（现有的工作负载加上新卡的工作负载）超过 100% 负荷限额水平时，那么这个订单就会被扣留在订单池里，订单的投放卡也会被取消。否则，所有的投放卡都会被分配给工艺路线的各个工位，当操作卡的订单指导表被附加在订单上时，订单就会被投放给工位。在上述描述的例子里，订单没有被投放，因为在乙工位新增的工作负载超出了它的负荷限额。重复这个步骤直到池内所有的订单都被考虑过一次。

订单指导表：这个存储工具会伴随每个订单经历整个生产过程。它的主要功能是存储 COBACABANA 系统的卡片，但也用来收集订单进度或质量问题信息，便于后来诊断问题。

温馨提示

上面我们下过定义，订单指导表就如同大野耐一等人储存看板卡片用的塑料信封。不过，它的功能可以很容易加以拓展。例如，你可以概括基本的工作信息，用它来收集数据便于日后诊断。工人们可以在上面记下完成日期以便制作吞吐量图和订单进度表。工人们也可以用来报告质量问题，为全面质量管理提供重要数据。

计划板与生产均衡柜有些相似之处。但是生产均衡柜主要是一个存储看板的设备，这些看板到将来生产时才用得上。COBACABANA 系统的计划板实际上支持负载平衡决定，因为它能快速概括车间的现有状况。

休息一下：生产均衡柜代表着车间未来的工作负载（即现在还在订单池里的）而不是现在的工作负载。生产均衡柜的看板是将订单池里的工作做好安排之后为未来投放做准备。它的优点是可以强调生产的延期。如果有延期，卡片就不会拿掉。相反，COBACABANA 系统表示的是车间现有的工作负载情况。这样就能在车间创建多种工作来平衡各个工位的工作量。

在 COBACABANA 系统里，被投放的工作负载由可用的卡片表示，而投放的可能性用计划板上的可用空间表示。所以，计划板是个有用的、直观的工具，帮助我们理解车间的工作负载和订单从池里被投放的可能性。某个订单收回的一系列投放卡也能提供订单在车间的进度信息。

目前为止我们了解了投放决定。卡片回路只有在工作投放后才发挥作用。有了这些回路就可以更新计划板上的信息。如果投放订单，订单和操作卡一起进入车间，如图 8－5 所示。

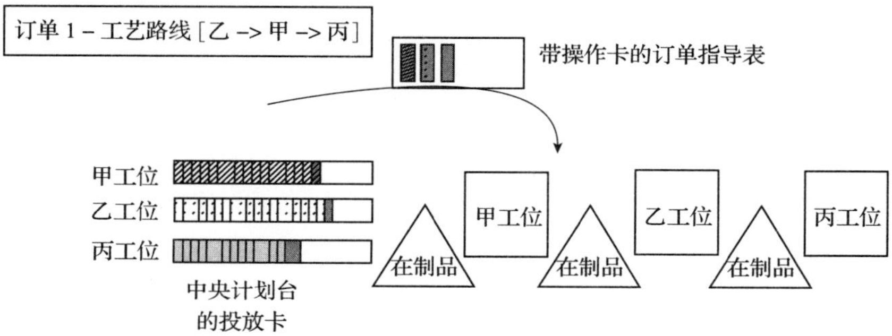

图 8－5　订单投放到车间

一旦操作完成，操作卡就会被发回给中央投放功能区，正式地表示加工完成（见图 8－6）。这个操作的投放卡也从显示屏上被拿掉。这就完成了反馈回路。

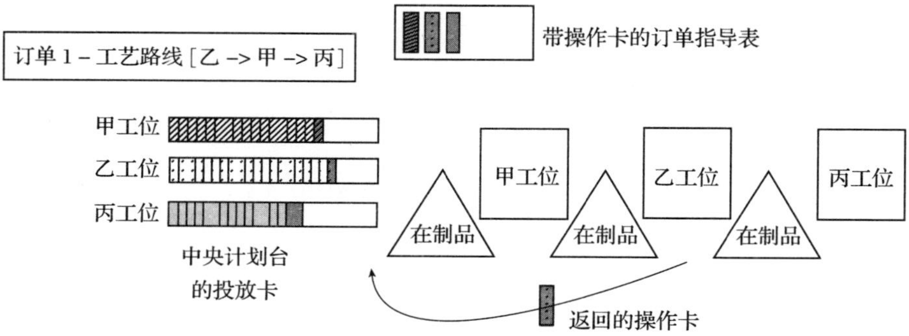

图 8－6　操作卡示意中央计划台：操作完成了，投放卡应该收回

如果还有操作没有完成，订单就进入下一个工位，如图 8－7 所示。

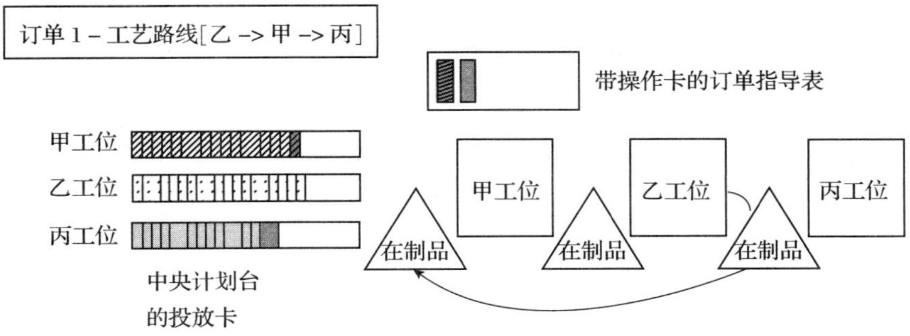

图 8-7　订单继续前往下一个操作，直到所有操作全部完成

COBACABANA 系统能够识别直接作业和间接作业

计划板上的负载代表着现在在工位排队的直接负载和尚在上游的间接负载，即被投放的、未到达工位的负载。直接负载和间接负载加起来称为“综合负载”。

综合负载（COBACABANA 系统）：综合负载是指被投放的负载，有待工位进行加工。它是在工位前方等待（排队）或者正在加工的直接负载加上被投放的还没有到达工位（即仍在上游）的间接负载。

因为综合负载表示了车间总的工作量，因此相比在上游的工位，处在下游的工位需要更高的工作量。这是因为它要考虑直接负载和间接负载，而且间接负载更大。

为了更好地理解这个概念，让我们看看纯流水车间，每个订单按照相同的顺序进入工位。假设我们现在投放三个订单，在每个工位我们都会得到三个投放卡。那么，当一个操作完成，对应的操作卡从车间回来提示操作完成。相应的投放卡就从计划板上拿掉。如果每个工位都有一个订单，我们可以看到每个工位既有在排队的直接负载，也有仍在上游的间接负载（已从池里投放但未到达的），如图 8-8 所示。越是下游的工位（它的上游工位越多），它的间接负载越大。因此，如果负荷限额是指综合的直接负载和间接负载，那么它需要做出调整以弥补这一缺陷。换言之，下游的工作负载应该更大一些。

否则，工位将会不断地闲置，因为它的负荷限额已经满了，而所有的作业都在上游（间接负载）。

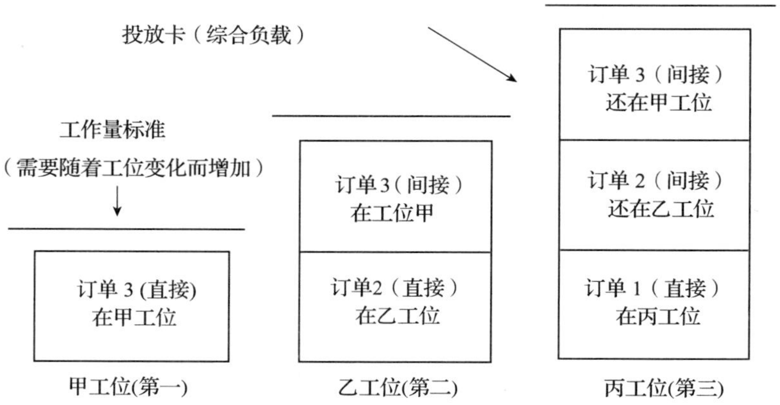

图 8－8　综合负载下的投放卡分布

休息一下： COBACABANA 系统的目的是要在车间建立多种订单来均衡各工位之间的工作负载。这是通过有选择地投放订单来完成的。稳定的工作量当然只能是直接负载，即在工位排队的工作负载。那么你也许会问为什么我们一开始要考虑间接负载呢？先反问一句——你怎么只考虑直接负载？一个订单投放之后，只能加在工艺路线第一个工位的直接负载上。因此我们应该忽略在其他工位产生的工作——这个负载依然是间接负载。如果所有的订单都是标准化的那就没有问题，也就是说工艺路线中第一个工位的工作负载与其他工位之间的工作负载有很强的关联性。在这种情况下，控制一个工位就可以控制所有的工位。但是，如果工艺路线或者加工时间存在可变性，那系统将失去控制。

在看板系统里，越是下游的工位需要的卡片越多。因此，在 COBACABANA 系统里，越是下游的工位，负荷限额应该越高。如果上游和下游都能被确定是这种典型定向工艺路线，听起来似乎很容易。但是如果（纯的或受限制的）车间工位可能出现各种工艺路线位置呢？前一分钟上游的甲工位对于乙工位而言还只是一个投放订单的车间，后一分钟它就成了下游随机的一个。这样的话负荷限额就要不断地变化。另一种解决办法就是调整车间里每个操作带给工位的工作量而不是调整工位的负荷限额。道理很简单：如果第二个工位需要第一个工位两倍的工作量，为什么不把所有的工作量都设置为相同然后把第二个工位的工作量二等分呢？换言之，利用处在工艺路线的位置来决定工作负载的贡献量和需要的卡片大小——将第二个工位的工作负载（和卡片大小）二等分，第三个工位的工作负载三等分，以此类推，如图 8－9 所示。

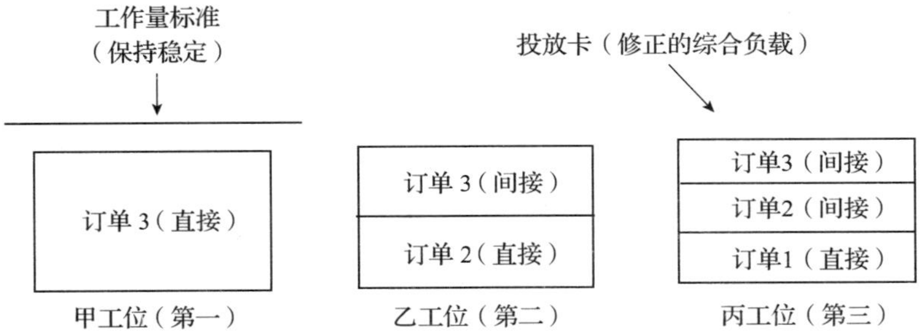

图 8－9　修正负载下的投放卡分布

由于在投放的时候每个订单都会贡献工作负载，按照这种方式修正工作负载可以弥补一个工作在排队的时候只是第二个工位的部分负载（即直接负载）这个事实。比如在 50% 的时间里它会贡献负载。换句话说，订单工艺路线中与第二个工位相关的卡片在投放的时候就跟随订单一起，直到前两个操作完成。奥斯特曼等演示过如何通过控制这个“修正的综合负载”来均衡某个工位前的直接负载（Oosterman B et al，2000）。

修正的综合负载（COBACABANA 系统）：订单给工艺路线中每个工位的工作负载贡献量通过它所处的位置来修正。这是综合负载的一个修正措施，是为工艺路线特征不断变化的车间而量身定做的。

简化加工时间估算的要求

COBACABANA 卡片代表的是某个订单在一个工位前的工作负载。这个负载根据工艺路线的特点可以用综合负载（总加工时间）或修正的综合负载（根据工艺路线位置修正过的总加工时间）来衡量。在订单投放的时候，卡片可以切割成刚好合适的尺寸，代表有关操作的负载量。不过，我们也可以通过限制卡片规格的大小来简化加工时间估算的需求。这样的话，卡片大小就代表一个范围内的负载贡献，按照这个区间的平均数来计算。杜雷尔等最近演示了只用三种规格的卡片（表示大、中、小型工作负载）依然能维持一张全柔性卡片所具有的绝大部分性能优势（Thürer M et al，2014b）。这就意味着加工时间不用每次都估算到“毫秒”，卡片大小也不用每次剪得分毫不差。

我们要表达的意思是，我们不用假设一个操作需要花上 3 分 11 秒，然后把卡片剪成和它对应的大小，我们可以只将时间估算为 3 分钟，把它看作一个典型的中号操作。当然了，这也要分场合。换一个环境，3 分钟或许是一个非常小的操作。因此，何为大、中、小的卡片取决于你车间的加工时间。

休息一下：许多公司花费大量的财力、物力估算加工时间（尤其是那些使用软件的）。但是这些估算通常都有错误——尤其是在可变性较大的公司里，订单第一次被处理的时候。有时候，操作会比预计的时间要长一点，有时候它又比预料的快一点。卡片系统相对于使用计划协调的系统（如物料需求计划系统）有一个很大的优势，它们能处理不确定性及因此而产生的估算错误，因为它们使用了车间的反馈信息。但是，举个例子，你明明知道会有几秒或更多时间的误差，为什么还设法估算到毫秒？如果你仅仅估算总的操作加工时间会落在一个时间段内，那么取平均值的话，结果也就相差无几。比如，把加工时间为 30 秒到 40 秒的操作算成 35 秒。换言之，加工时间估算应该简化，因为无论怎样估算都会有误差。

COBACABANA 系统与加工时间可变性大：可避免供应不足

加工时间可变性大会使不必要（或过早）的闲置风险加大。增加的风险与采取的控制问题解决方案无关，甚至在没有任何控制的车间都会存在。这里我们重点谈谈减轻不利影响的方法，即应该采取哪些对策。

供应不足（或闲置）：转化资源如果没有进行任何转化行为就会产生供应不足。这种现象在大多数车间都很正常，因为要避免闲置或供应不足只有一个方法，就是将资源利用率保持在100%的水平。出现供应不足的转化资源就等于等待浪费。但是，我们上面讨论过，有时候不加工比加工一个大家都不需要的东西要好。

不必要（或过早）的闲置：实际上有活要干的时候却出现供应不足、闲置或者无所事事。

让我们再看看纯流水车间。在一个纯流水车间，所有的作业都是从一个工位来，再到另一个工位去。因此，作业什么时候到达取决于前面上游工位的订单加工时间。假设一个订单在甲工位等待加工，加工时间为 4 小时。如果它现在加工的话，那么乙工位在 4 小时之内就不会有任何作业可以做。因此就需要一个 4 小时作业的库存缓冲来避免乙工位无所事事。如果订单的加工时间都一样那就没有问题。但是，试想一下如果乙工位的加工时间只是 30 分钟而不是 4 小时，且甲工位和乙工位各一个订单，那么乙工位就会闲置上 3 个半小时。在工艺路线可变性大的情况下这个问题不是那么严重，因为作业可以从其他工位获得。尽管如此，它仍然是一个导致性能低下的重要根源。

休息一下：记住定量在制品和 POLCA 卡片仅仅表示工作，随便什么工作——没有任何具体规定。因此，事实上定量在制品卡片在一个场合可能表示 4 小时的作业，在另一个场合表示 30 分钟的作业，视工作的加工时间可变性而定。因此，在加工时间可变性较大的环境下，定量在制品和POLCA就很苦恼了。它们在加工时间可变性较大的环境下性能低下还有一个原因，就是这些“传统的”卡片系统没有一个在车间创建多种工作来平衡各工位之间的工作负载（即实现生产均衡）。看板系统、定量在制品系统和POLCA系统的一个大的缺点就是它们没有一个车间负载的宏观概念，而COBACABANA系统的计划板则提供了这个功能。

在COBACABANA系统里，避免不必要的供应不足有三个办法：

1）工作负载平衡：车间里多种工作应该安排合理，让工位之间的负载保持平衡。

2）最短加工时间效应：上游加工时间最短的工作可以优先安排，尽快补充给下面的队列。

3）投入工作：如果一个工位在闲置，工艺路线里以它开头的订单就会从订单池里投放出来，无论当时的工作负载情况如何。换言之，对应的投放卡就会发放到工艺路线里的订单，操作卡贴在订单指导表上，无论负荷限额是否超出订单都会被投放。

很显然，投入工作的方案在只有一个工位（所谓的首站）的情况下会失效，比如在纯流水车间。

首站：如果所有订单都从一个工位进入车间，那么这个工位就是首站。

与此同时，制造最短加工时间效应时需要小心，因为给予小订单优先权就表示大的订单会被推迟。上述观点对何时决定投放有重大影响。总的来说，需要记住两条规则：

1）如果工作可能进入任意一个工位（即工作车间或一般流水车间）的话，投放决定就必须周期性地实施。周期性的投放时间间隔可以使大额工作促进负载平衡，因为相对于不间断的投放决定而言它每次都能提供更多的空间。如果工作不断地投放达到在制品容量，那么大额的工作就会很难投放

（见第二条）。通过投入工作可以进一步避免供应不足（Thürer et al，2012）。

2）一旦新工作到达系统，或者纯流水车间完成了一个操作，投放决定必须不间断地实施。在这里，投放功能一般会连续地填满负荷限额。如果许多工作等着投放的话，就会产生最短加工时间效应，因为如果要一个工作填满负荷限额，其工作负载贡献必须小于或等于一件工作完成后空出来的工作负载贡献。尽管这样会危及大额工作的绩效，但它是这种环境下避免供应不足的主要解决办法，因为只局限在首站的投入机制在这时是失效的（Thürer et al，2015）。

休息一下：上面我们提到了大额工作。它指的是单一的需要大量加工时间的工作或者是批量不能分开完成的工作。否则，减小零件规格对于改进负载平衡总是有益的，因为这样提高了负载的粒度。因此，在可能的情况下它都是一个相当紧要的环节，比如缩短转换时间。但并不总是如此。

例如，POLCA 是通过引入所谓的“量子”（即应伴随单张卡片的最大物料量）来避免供应不足的。一个不寻常的或者比一般订单要大的订单需要不止一张 POLCA 卡片（Riezebos，2010）。前提还需要它可以分解成小的订单——这样才有效。这和高德拉、考克斯讨论的大批量生产细分有相似之处（Goldratt E M，J Cox，2004）。

过早的工位闲置和订单投放

上面我们讨论了加工时间和/或工艺路线可变性造成的不必要的闲置。即便完全不加控制，闲置也会永远存在。事实上，任何生产计划与控制解决方案的一大任务就是避免不必要的供应不足。然而，在制品容量会带来额外的过早闲置。

在使用在制品容量的投放方法里，避免过早供应不足的重要性最早是由卡内特（Kanet J J，1988）和兰德、贾尔曼（Land M J，Gaalman G，1998）等人提出的。在这种情境下，过早闲置指的是尽管订单池的资源需求有可能直接投放到一个工位进行加工（即不用先投放到另一个工位），但工位却依然闲置。过早闲置或者供应不足有两个源头：

1）工艺路线里的供应不足工位没有订单是因为工艺路线其他的工位在超负载运行。也就是说，这个订单没法投放到工位，是因为它可能造成另一个工位的负荷限额超标。

2）工艺路线里的供应不足工位没有订单是因为这个供应不足工位有非常高的间接负载，如果投放订单就会超出负荷限额。

休息一下：让我们回顾一下披萨店的例子，尽管订单池里有披萨正在等候处理，奶酪工位依然会处于供应不足之中（请谅解这么打比方），因为面团工位太忙了，使整个工作量处于超负荷状态。假设我们也生产千层饼，（显然）这也需要用到奶酪工位。又假设千层饼要从奶酪工位开始做，因为涂在每个千层饼上的奶酪的种类和多少都不同，库存/订单分界面就设在奶酪工位。就算奶酪工位现在无所事事，我们也不能把千层饼安排给它，因为上游还有五份披萨堵在面团工位，让面团工位忙得不可开交。那么，等第一个披萨面团做好了，到达奶酪工位，再让千层饼一个接一个地进入奶酪工位才说得过去。这种作业（千层饼）投入是克服过早闲置的一个重要方法。

想解决这两个过早闲置的根源，就要在工位供应不足的时候随时进行投入工作（Thürer M et al，2012）。这意味着工艺路线的第一个供应不足工位必须要投放订单，无论工作负载贡献是怎样的。这让人意识到在某个工位有必要暂时违反 100% 的负载限制，来防止过早闲置。跟加工时间可变性引起供应不足的情况一样，这个办法只能是在订单从不同工位进入流程因而可以投入的环境下才能采用。如果是首站，就不应实施投入工作，但如果负荷限额设置恰当，这个问题就不是那么严重，因为首站是控制最严的工位，只有直接负载（这个工位的任何间接负载都在订单池里不在车间）。

总结——COBACABANA 系统

COBACABANA 系统是一种使用卡片的工作负载控制系统，是专门针对可变性大的工作车间环境的一个生产控制解决方案。COBACABANA 系统和其他卡片系统的主要区别有：①COBACABANA 系统是在车间前面有一个明确的订单池（而在其他卡片系统里订单池是放在第一个工位）；②COBACABANA 系统考虑到了平衡工作负载的需求。由于订单从车间之前的订单池里投放出来，它们可以通过任何工位进入车间。同时，投放到车间的订单既可以平衡各个工位的工作负载，又能保证达到各项性能指标，比如按时交货。车间工位通过卡片回路为投放提供反馈信息。每个回路都包含了中央投放功能区，为车间的工作负载状况提供了一个宏观的视角，让工位之间的工作负载得到平衡。COBACABANA 系统的计划板为负载计算提供了便利，而且卡片的大小就代表了订单带给工位的负载情况。在不确定的环境下，加工时间估算会存在误差。所以，与其估算一些不能估算的东西，不如简化这个过程。在大多数车间，COBACABANA 系统可以简化到只用三个不同大小的卡片，代表典型的小号、中号和大号加工时间。因此，COBACABANA 系统可以处理所有可能的路线排列，同时也可以处理加工时间可变性大的情况。

重点回顾

- 概述 COBACABANA 系统并与其他卡片系统比较。COBACABANA 系统与其他卡片系统的主要区别概括如下：①COBACABANA 系统是在车间前面有一个明确的订单池，订单可以通过任何工位进入车间。②在订单池和各车间之间建立了卡片回路，这样可以分离工艺路线和回路结构，允许所有可能的工艺路线排列。③订单从订单池里投放到车间，使得各个资源上的工作负载得到均衡，这也适应了加工时间的可变性。总而言之，COBACABANA 系统能简单高效地解决可变性大的订单控制问题。

- 讨论 COBACABANA 系统如何支持负载平衡。有了计划板，车间的工作负载就变得很直观。投放卡用来代表工作负载的大小，卡片的大小代表了订单为这个工位贡献的工作负载，每张卡片代表一个操作。操作卡在各工位和订单池之间循环，为各操作的完成提供反馈信息。订单只有在各个工位所造成的工作负载都不超过负荷限额的前提下才投放给工位。让投放卡代表的工作负载保持在限额之内就可以使车间的工作负载得以控制。工作负载的计算方法是将投放到车间的负载加上在工位上有待加工的负载，即直接负载和间接负载两者相加，称之为综合负载。但是，如果工艺路线发生改变，车间的工作负载就会一直改变。另一个解决方案是控制一个修正的综合负载——在这种情况下，工作负载的贡献情况就需要考虑到工位在工艺路线里所处的位置。它是用加工时间除以工位的工艺路线位置而得出的，不是算整个加工时间。
- 讨论如何才能简化加工时间估算的要求。工作负载贡献（根据工作负载的情况而算出的总加工时间或修正的加工时间）可以通过将卡片裁剪到合适的大小来表示，卡片大小与加工时间成正比，而通常我们都不用这么做。其实，加工时间估算可以通过限制卡片规格的大小来简化。在这里，卡片大小就表示一个区间内的负载贡献，取这个区间的平均值。仅仅使用三个大小的卡片（代表大、中、小号工作负载贡献）就可以维持使用全柔性卡片的大部分优势。
- 讨论避免不必要或者过早闲置的重要性。所有转化资源在某个时候都会处于供应不足或者闲置（除非能达到 100% 的利用率，但是这并不可能也不建议这么做，因为 100% 利用率容易让资源和系统遭到破坏）。但是，如果有活要干的话，就不应该闲置。引起不必要供应不足的一个原因就是加工时间可变性。COBACABANA 系统提供了三个避免这类供应不足的方法：工作负载平衡、最短加工时间效应和注入工作。不必要（或者过早）的闲置也可能是投放方法造成的。例如，一个即将给供应不足工位带来直接负载的工作可能因为其他工位上的负载情况而受阻。避免这种供应不足的主要手段是注入工作。换言之，每当一个工位即将供应不足的时候，如果该工位是工艺路线的第一个工位，那么就可以投放订单，不管它对其他工位的负载贡献怎么样。

本章参考文献

Goldratt, E. M. and J. Cox, 2004, *The Goal: A process of Ongoing Improvement*, 3rd Revised Edition, Great Barrington, MA: North River Press.

Kanet, J. J., 1988, Load-limited order release in job shop scheduling systems, *Journal of Operations Management*, 7, 3, 44 – 58.

Land, M. J., 2009, Cobacabana (control of balance by card-based navigation): A card-based system for job shop control, *International Journal of Production Economics*, 117, 97 – 103.

Land, M. J., and Gaalman, G., 1998, The performance of workload control concepts in job shops: Improving the release method, *International Journal of Production Economics*, 56 – 57, 347 – 364.

Oosterman, B, Land, M. L., and Gaalman, G., 2000, The influence of shop characteristics on workload control, *International Journal of Production Economics*, 68, 1, 107 – 119.

Riezebos, J., 2010, Design of POLCA material control systems, *International Journal of Production Research*, 48, 5, 1455 – 1477.

Thürer, M., Stevenson, M., and Protzman, C. W., 2015, COBACABANA (Control of Balance by Card Based Navigation): An Alternative to Kanban in the Pure Flow Shop?, *International Journal of Production Economics*, (in print)

Thürer, M., Land, M. J., and Stevenson, M., 2014b, Card-Based Workload Control for Job Shops: Improving COBACABANA, *International Journal of Production Economics*, 147, 180 – 188.

Thürer, M., Stevenson, M., Silva, C., Land, M. J., and Fredendall, L. D., 2012, Workload control (WLC) and order release: A lean solution for make-to-order companies, *Production & Operations Management*, 21, 5, 939 – 953.

第九章
用于交货时间估算的 COBACABANA 系统

本章重点

- 概述一个简单有效的交货时间估算方法。
- 将 COBACABANA 系统作为一个综合概念进行讨论。
- 讨论利用销售员显示屏进行输出控制（即引导产能调整）。

在第四章，我们知道加工可以是按订单，也可以是按库存。如果是按库存，那么操作（即把被转化资源进行转化）发生在资源需求已知之前。顾客期望在到达厂家之前产品/服务就已经到位。如果是按订单，操作（即把被转化资源进行转化）则发生在资源需求知道以后。顾客总是需要等待。这意味着需要考虑等待时间，也就是要考虑交货期限。

交货期限：顾客愿意等待交付产品/服务的时间，是指顾客将需求告知厂家（下单）和收到产品/服务之间的这段时间。

交货期限应该：

1）有竞争力，即顾客满意（因而至少和其他厂家有可比性）。

2）是可行的，是可以完成的，即公司应该有能力在期限内提供产品/服务，这方面要考虑到可用的转化资源、被转化资源及其他可能争夺同样资源的资源需求。

如果产品/服务按照订单执行，那么估算一个有竞争力又可行的交货期限就是一个非常重要的任务。然而，直到最近卡片系统的适用范围仍然有限。公司只是把它们用于车间作业控制。对于高级的计划任务，比如在客户咨询管理中估计交货日期一般还用不上。这就限制了使用简单卡片系统的优势，因为公司还需要用其他复杂的计划和控制程序来支持这些任务。本章将会提出一个确定交货期限的简单可行的办法。据我们所知，这是最早的也是唯一利用卡片系统估算交货时间的办法，最早是由兰德提出 COBACABANA 系统时提出来的（Land M J，2009）。理论上它也可以同看板系统、定量在制品系统或 POLCA 系统结合起来用。

休息一下：产销目标有冲突，会经常引起产销分歧，确定实际的交货时间是弥补分歧的第一步。一方面，销售方为了实现最大利润经常提出短到不切实际的交货时间和价格。另一方面，生产方为了使车间能连续工作而堆积作业，延长交货时间。我们知道自己的目的，但是弥合这个分歧是促进整个企业发展、实现对顾客承诺以实现盈利的关键。这对于和新老顾客建立长远关系是非常重要的。

基于卡片的交货时间估算如何运作

我们在第五 ~ 八章介绍了几种卡片控制系统，如果使用得当，这些系统可以稳定车间作业，因而（按照利特尔定律）也能稳定车间的生产时间。这是因为公司把接到的作业分为两部分：一是车间在制品，一是正在等待准备投放到车间的作业。两者合起来称为计划工作负载（见第二章）。

但是，客户通常要经历从公司接受订单到交货的时间，这和从投放到交付是不一样的。顾客需要等待他们的订单先投放然后再加工。他们的订单可能需要等公司加工完其他顾客的订单才能加工。因此，与客户协商交货时间或交货期限必须考虑从订单接受的生产周期而不是从订单投放的车间生产时间来计算。生产周期应该是工作必须等待的时间加上车间生产时间（见图 9－1）。

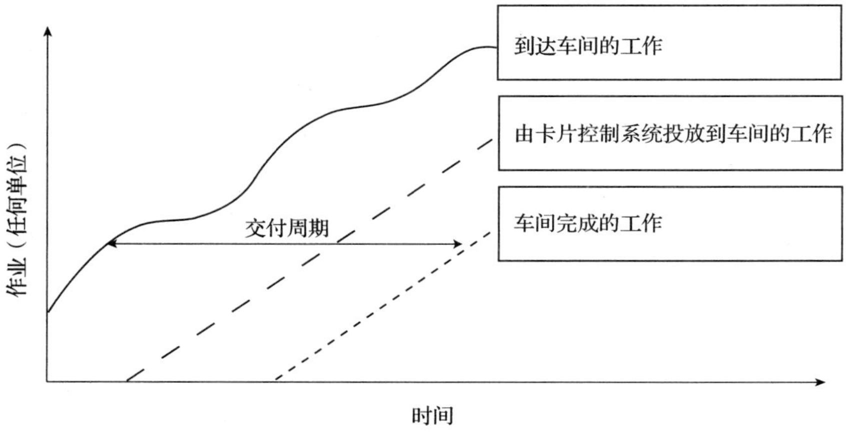

图 9－1　图解为什么交货期限需要考虑生产周期

如果操作时间和/或车间生产时间被卡片系统平衡的话，那么交货周期里唯一的变数就是工作在投放之前在订单池里等待的时间。这两个要素（订单池里等待的时间和车间的生产时间）还要加上一个不确定的要素，即需要考虑没能按照计划实施这个可能性（即或长或短的延迟）。延迟是实际交货时间减去计划交货时间。第三个要素也称为外在因素。所以总的来说，交货期限有三个要素（见图 9－2）：

1）投放前在订单池里等待的动态时间。

2）车间固定的生产时间，即工艺路线里各工位的操作时间。

3）固定的不确定因素占用的时间，即各种延迟差异或者内部计划与实际交货时间的差异。

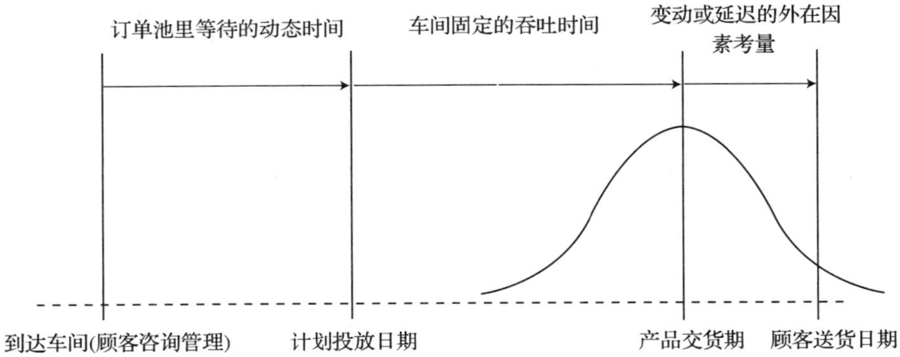

图 9－2　交货期限三要素

休息一下： 值得注意的是，卡片系统把可变性从车间转移到了订单池。因此车间将不存在可变性。（我们在第八章讨论的）COBACABANA 系统所用的计划台显示屏，在不运用负荷限额或在制品容量的情况下（订单不在订单池里停留直接投放），是将工位间的工作负载波动直观化的好方法。但是，一旦使用负荷限额，可变性就会从显示屏消失（因为代表的工作负载被限定在限额之内），转移到订单池。因此，我们需要另一个设备（销售员的显示屏）来让订单池里的可变性变得直观。这将在下面介绍。

我们假设交货时间的所有可变性都可以理解为工作在订单池里的等待时间。这个（合理的）假设大大简化了估算交货期限的任务。这意味着，需要确定一个有竞争力又可行的交货期限的唯一要素就是在订单池里的等待时间。

为了确定工作在订单池里的等待时间，（销售员设定交货日期的）客户咨询管理系统和车间前的订单池之间要建立卡片回路。

客户咨询管理： 公司里就价格、交货日期、数量、规格等和顾客谈判的一个功能，以此决定接不接受订单。客户咨询管理通常是销售或销售与运作计划的一部分。

卡片是成对的，每个操作一张接受卡，每个订单一张池卡，接受卡不同的大小代表不同的工作负载量。接受卡留在销售员那里，而池卡直到订单投放都和订单在一起。这个基本的回路结构如图 9－3 所示。

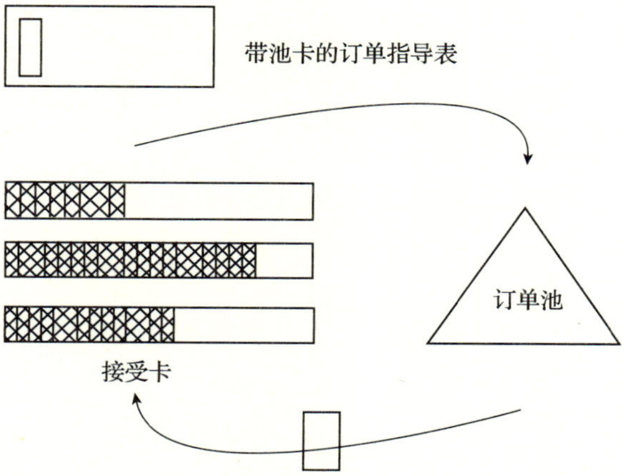

图 9－3　基于卡片的交货日期估算——客户咨询管理与订单投放之间的卡片回路

确定订单池等待时间的主要工具是销售员的显示屏，如图 9－4 所示。这个显示屏显示了订单池里等待投放到各个工位的负载。

销售员显示屏：销售员显示屏用于客户咨询管理（确定交货日期的模块）所需的计算。在订单池里等待投放到工位的工作负载由显示屏上的卡片表示。作业投放的速度由它的规模表示。

在订单池里最短的等待时间可以根据利特尔定律来估算。估算需要知道订单池里等待投放的最紧张的工位（工艺路线里工作负载最大的工位）的工作负载和这个工位的平均投放速度（即单位时间内的最大输出）。换句话说，订单池里的等待时间等于最大的订单池负载（用显示屏上的卡片表示）除以对应工位的最大输出（或投放）速度（用规模表示）。

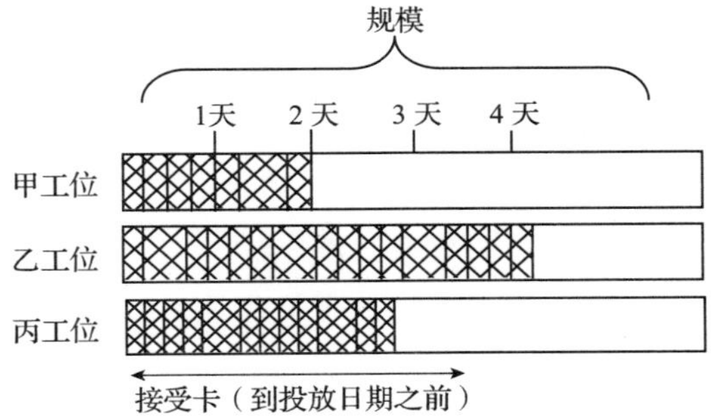

图 9-4　客户咨询管理用来估算交货日期的销售员显示屏

让我们看看 COBACABANA 系统的整个客户咨询管理步骤，可以补充前面章节讲过的订单投放和车间调度过程：

1）当订单来到工厂（即客户咨询管理处），要确定一个可行的交货日期，可以把以下三个要素相加：

①销售员显示屏上显示的订单池里的等待时间。

②车间的操作时间（通过订单投放来平衡，即每个工位都有特定的生产时间，这个时间是通过控制订单投放来调节或维持的）。

③一个所谓的外在不确定因素考量——事情不是总按计划进行。

2）这个订单会给工艺路线里每个工位池贡献负载。换言之，订单工艺路线的每个工位都会有张代表相应工作负载大小的卡片加到销售员显示屏上，池卡贴在订单指导表上，然后订单到订单池里等候投放。

3）一旦订单被投放，池卡就会回到客户咨询管理处，对应的接受卡就会被收回。这样就完成了反馈回路。

由于 COBACABANA 系统订单投放程序只用三个不同大小的卡片来区分小、中、大号订单投放操作，就能获得大部分性能优势，这样就简化了客户咨询管理处（销售部门）估算加工时间的需求。

休息一下：上述交货时间估算步骤有时候在披萨店也可以看到。当顾客订披萨时，披萨店就会在一张纸条上记下订单，然后交到厨房的一个特定地方。这就是订单池。柜台的店员利用订单池里简单直观的纸条来估算为顾客做好这个披萨需要多长时间。

COBACABANA 系统作为一个综合系统

利用卡片系统来估算一个有竞争力又可行的交货期限的一个基本假设就是，车间的操作时间是稳定的，因此也容易预测。这样可以把估算时间的任务转化成估算在池里等待的时间，这应该容易些。但是，如果要让这个方法管用的话，还需要结合卡片控制系统来均衡操作时间。理论上，这个操作也可以跟看板、定量在制品或 POLCA 结合运用。但是，应优先考虑 COBACABANA 系统的订单投放步骤，有两条重要原因：

1）COBACABANA 系统的订单投放方案最适合变化性大的订单控制问题，这种问题在估算交货期限上需要得到支持的车间（如按订单生产定制化产品而又无法取得标准生产周期的车间）最为普遍。

2）交货截止日期估算的步骤是兰德提出的对 COBACABANA 系统的一个拓展，因此它可以和这个系统完美地结合起来。

综合 COBACABANA 系统兼顾交货截止日期估算和订单投放控制，如图 9－5 所示。

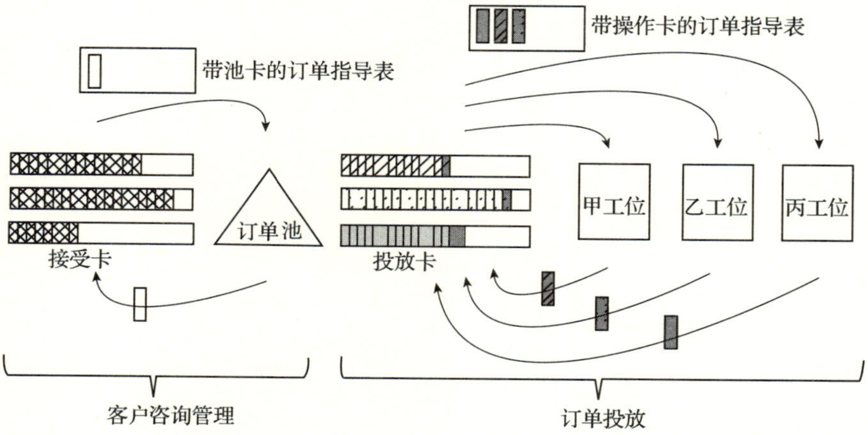

图 9－5　综合 COBACABANA 系统方案——客户咨询管理处的销售员和订单投放之间的卡片回路，以及订单投放与车间作业中央计划台之间的卡片回路

第一条回路是在客户咨询管理处和订单池之间。各个工位的接受卡代表订单池的工作负载，它用来计算销售员显示屏上的交货截止日期。对应的池卡和订单一起移动，于是就能建立信息流。当订单从订单池里投放出来，池卡交还到销售员显示屏，相应的接受卡被拿掉。

用来控制车间工作负载的那条回路是从池里到车间的各个工位。投放卡用来代表计划板上的车间工作负载。计划台用计划板来选择哪些工作要投放，同时也便于负载平衡计算。操作卡和订单一起移动让信息流建立起来。当一个操作完成，对应的操作卡回到计划板，对应的投放卡被收回。综合 COBACABANA 系统里用到的不同种类的卡片如表 9－1 所示。

表 9－1　综合 COBACABANA 系统里用到的不同种类的卡片

	接受卡	池卡	投放卡	操作卡
何处用	客户咨询管理处		订单投放控制	
作用	代表的是销售员显示屏上订单池里某个工位的工作负载	在客户咨询管理处和订单池里投放的订单之间建立反馈回路	代表计划台显示屏上某个工位的车间工作负载	在订单池里投放的订单和工位之间建立反馈回路
多少个	每个操作一个，卡片大小代表工作负载贡献的大小	每个工作一个	每个操作一个，卡片大小代表工作负载贡献的大小	每个操作一个

利用销售员显示屏进行输出控制

本书一开始就声明所有卡片系统的基本思想就是输入/输出控制，即作业输入要和作业输出保持一致。所有卡片系统都注重输入控制。因此，应该运用某种输出控制工具支持它们。

输出控制的主要工具是（提高）设备综合效率。图 9－6 所示为设备综合效率定义的一个概括。

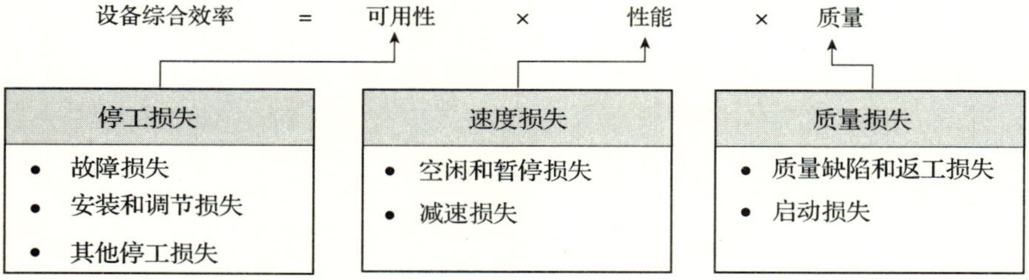

图 9－6 设备综合效率

本书并不是要讨论如何提高设备综合效率。但是，我们要强调这是个非常重要的工具。输出控制的第二个工具是产能调整。确实，有好几种调整产能的方法，如：

1）如果操作员不止负责一台机器，可以调整操作员所用机器的数量来影响输出速度。

2）产能可以重新分配或者转移，比如把产能（即操作员）从负荷不足的工位重新分配到超负载的工位。

3）可以加班，尽管这在高工作负载时可能非常昂贵。

4）在超负荷时期的作业可以分包或者外包给别的厂家。

调整产能的方法还有很多，详情可查阅文献。就本书目的而言，重要的不是产能如何调整，而是何时何地（即在哪个工位）调整。事实上，如果及时的话只需要在对的时间点上稍做调整就够了——产能调整也应该及时（Land M J et al，2015）。所以大野耐一提出丰田生产体系的一大特点就是加班应该由最低级别的工人来完成（Ohno T，1988）。

如果系统里负载很大，产能调整就能发挥最大作用。因此，决定产能何时何地应该调整的最好方法是看各个工位的负载情况。也就是说，如果某个工位的计划工作负载超过某个门槛的话，产能就应该调整。

如果各个工位的负载都得到平衡的话，各工位的负载就会反映在销售员显示屏上。这个显示屏就可以用来为产能调整提供指导决定。基本的思路如图 9－7 所示。

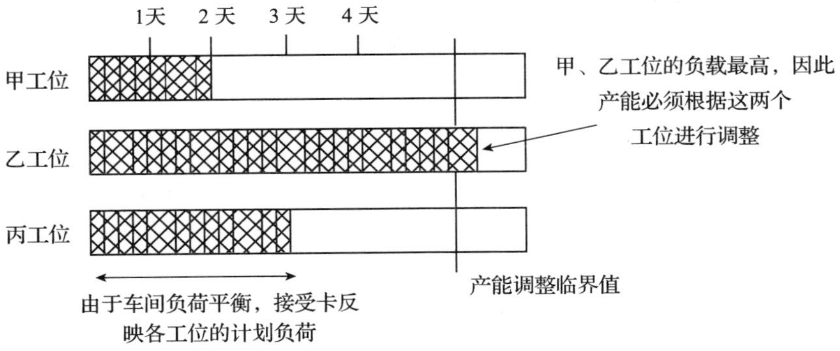

图 9－7　销售员显示屏用来指导产能调整

现在产能调整就可以有效地用来提高交货时间协商的竞争力。如果顾客希望交货时间短，需要的产能调整可以通过销售员显示屏得到。这样就可以计算最终的成本以及最早交货的价格是多少。

总结——COBACABANA 系统的提前期估算步骤

在生产/服务是按订单生产的情况下，估算一个有竞争力并且可行的交货期限是个非常重要的任务。但是，卡片系统在适用范围上受到限制。它们被用来控制车间的工作负载，但是通常不支持高层次的计划任务，比如在客户咨询管理环节估算交货日期。这就限制了使用简单的卡片系统的优势，因为公司需要使用某些其他高层次的计划与控制程序来支持这些任务。然而，兰德讲到对 COBACABANA 系统的一个简单拓展就可以利用卡片来估算交货时间或者交货截止日期。

在兰德的理论中，交货时间估算的主要工具是销售员显示屏。与让车间工作负载直观化的计划台显示屏相似，销售员显示屏可以直观显示池里等待投放到某个工位的工作负载。通过利特尔定律，工作负载可以用来估算订单池里的等待时间。由于车间的工作负载得到了平衡，订单池里的等待时间可以被看成交货周期的唯一变量。交货时间因此可以看成是订单池里的等待时间，固定的车间生产时间及外在的、估算的交货时间与实际的交货时间差值的总和。只是，把重点放在订单池里的等待时间上可以大大简化估算交货期限的任务。

重点回顾

- 概述一个简单有效的交货时间估算方法。如果生产/服务是按订单进行的，那么需要和顾客协商一个有竞争力且可行的交货时间。交货期限可以分解为三部分：订单池里等待的时间，车间生产时间和一个外在的、实际的交货时间和预计交货时间的差值。COBACABANA 系统的交货时间估算步骤假设只有订单池里的等待时间是变量，因为车间的生产时间已经通过投放方法得到了平衡。为了估算每个订单在动态订单池里的等待时间，可以把在订单池里等待即将投放到工位的工作负载除以投放速度（根据利特尔定律）。要测量订单池里工位的工作负载，需要在订单池和客户咨询管理之间建立卡片回路。
- 将 COBACABANA 系统作为一个综合概念进行讨论。这里概述的交货时间估算步骤可以运用到任何一个平衡车间生产时间的车间控制系统，它尤其适合与 COBACABANA 系统的订单投放程序结合使用。COBACABANA 系统的订单投放程序最适合可变性大的按订单进行的车间。此外，这个程序是 COBACABANA 系统的一个拓展。因此，它显然是非常合乎逻辑的选择。
- 讨论利用销售员显示屏进行输出控制（即引导产能调整）。产能调整只有及时才是最有效的。的确，如果时间得当而且地点合适，它只需要进行很小的调整（Land M J et al，2015）。工位的计划工作负载是确定何时何地调整产能的一个有效措施。这一措施通过销售员显示屏上的负载反映出来。

本章参考文献

Land, M. J. , Stevenson, M. , Thürer, M. , and Gaalman, G. J. C. , 2015, Job Shop Control: In Search of the Key to Delivery Improvements, *International Journal of Production Economics*, (in print)

Land, M. J. , 2009, Cobacabana (control of balance by card-based navigation): A card-based system for job shop control, *International Journal of Production Economics*, 117, 97 – 103.

Ohno, T. , 1988, *Toyota Production System: Beyond Large-Scale Production*, 1st Ed. , Productivity Press.

第十章
总结：适用性框架

本章重点

- 讨论回路结构、卡片特征和信息技术需求对卡片系统适用性的影响。
- 讨论嵌套的卡片控制系统，因为很多车间的控制问题都不止一个。
- 讨论一些一般性但又重要的使用问题。

卡片控制系统是输入/输出控制系统。这意味着它们要根据输出率控制作业的输入。只有之前的作业离开车间，新的工作才能进来。输出率信息常常由卡片提供，所以这些系统又称为卡片控制系统。本书讨论的四套卡片控制系统——看板、定量在制品、POLCA 和 COBACABANA 实际上都是输入/输出控制系统，但就输入/输出实现的方式，即反馈回路而言，它们之间有很大的差别。可以从三个方面来看：

1）回路结构本身。

2）回路中流通的信息特点（即卡片）。

3）回路的独立性——即是否需要额外的信息技术支持。

本章是总结，我们将从以上三个方面对比四套卡片系统，针对它们对不同控制问题的适用性探讨可能产生的后果。

回路结构及其对卡片控制系统应用的影响

首先我们来看看实际的回路结构。根据我们的问题诊断标准对其主要影响总结如表 10－1 所示。

表 10－1　回路结构及其对卡片控制系统应用的影响

	看板系统	定量在制品系统	POLCA 系统	COBACABANA 系统
建立地点	两个工位之间	进入工位和离开工位之间	两个工位之间	工位与（车间之前的）中央投放功能区之间
与工艺路线的关系	需要为每一个可能的工艺路线步骤建立	一个回路必须包含所有可能的工艺路线	需要为每一个可能的工艺路线步骤建立	工艺路线独立
包括（每个订单多少操作）	一个操作	全部操作	两个操作（除了第一个和最后一个操作，操作使用双回路）	一个操作
在制品容量（回路中作业限制）	每个工位	限制车间负荷，工位负荷不受限制	每个工位	每个工位
影响：库存/订单分离点	由于信息必须通过每个工艺路线步骤传播，在订单控制问题中造成卡片传送问题。这在每个回路造成直接/间接负荷，在订单控制问题中不能进行控制	不考虑控制每个工位的在制品，不应用于库存控制问题	结构与看板相似，但问题由卡片性能解决。可以解决库存和订单控制问题	使用中央投放功能控制投放到车间的混合订单。为订单控制问题而设计

（续）

	看板系统	定量在制品系统	POLCA 系统	COBACABANA 系统
影响：工艺路线特征	只考虑简单工艺路线和变化小的工艺路线	只考虑纯流水车间，即全部作业按相同顺序进入全部工位	只考虑简单定向工艺路线。如果回路结构不定向会导致堵塞，因为排队等待的工作持有一张回路卡片，通常要求有一张另一回路的卡片才能离开当前回路	可以考虑所有可能的工艺路线特征
影响：加工时间可变性	各个回路只知道本回路的加工时间信息。不考虑工位间的负载平衡	总回路不提供加工时间信息。不考虑工位间的负载平衡	各个回路只知道本回路的加工时间信息。不考虑工位间的负载平衡	中央负载信息提供车间的总体情况，促进工位间的负载平衡

看板系统和 POLCA 系统需要为工艺路线的每一步都建立一个回路。因此，它们用的是相同的回路结构，都需要将工艺路线反映在回路结构上，这样它们就只能用于简单的工艺路线。POLCA 系统有个特点，如果工艺路线不是定向就会出现堵塞。我们知道这是因为 POLCA 系统是将订单问题看作一个库存问题，通过匿名卡片来处理。

看板系统和 POLCA 系统的主要区别在于，POLCA 系统的工作将会停留在回路里进行两个操作，而看板系统则只停留在回路里进行一个操作。因此 POLCA 系统回路里每个工作都有两个操作，而看板系统回路里每个工作只包含一个操作。COBACABANA 系统回路也是每个工作只有一个操作。与此同时，一条单一的定量在制品系统回路包含了工作的所有操作。

定量在制品系统大大简化了回路结构，但是前提是所有的工作都从同一个工位进入，从同一个工位出来。因此，它只能用于纯流水车间。此外，各个工位是不受控制的，这样也许就不能用定量在制品系统处理库存控制问题。

COBACABANA 系统在车间之前使用中央池和投放功能。这样订单可以从任何工位进入车间。与此同时，该系统在中央池投放功能和各个工位之间建立回路，而不是在工位之间建立回路，可以防止回路结构和工艺路线重叠。这样可以适应所有可能的工艺路线排列。

卡片特征及其对卡片控制系统应用的影响

卡片控制系统不仅回路结构有很大的不同，而且卡片传达的意义也有很大不同。说到底，卡片是视觉信号。那么它们究竟传达的是什么信息呢？让我们看看卡片系统的不同卡片特征及其对卡片控制系统应用的影响，如表 10－2 所示。

表 10－2　卡片特征及其对卡片控制系统应用的影响

	看板系统	定量在制品系统	POLCA 系统	COBACABANA 系统
内容	一个零件/产品/服务已经使用或将要使用	我们完成了系统中的一件工作，请投放另一件工作	我们完成了你送达的一件工作；你可以发送另一件工作	属于该工位的零件/生产的操作已完成
卡片类型	起初有三张（在内部供应链）：领料看板；在制品看板（已使用）和生产看板（将要使用）；对车间控制而言，经常简化为一块普通看板	只有一张	只有一张	两张（成对出现）：一张计算负载平衡的投放卡和一张反馈的操作卡
传递的信息	哪些零件/产品已经或将要使用，应该进行生产。它可能包括加工/服务时间、交货截止日期等信息。	车间有产能进行另一工作	工作工艺路线中的下一个工位未来有可用产能	操作卡：哪个任务在哪个工位已完成 操作/投放卡：该操作的负荷贡献（加工时间）是多少（可由卡片尺寸看出）

（续）

	看板系统	定量在制品系统	POLCA 系统	COBACABANA 系统
影响：库存/订单分离点	如果卡片与一个特定订单（订单控制问题）有关，必须在工位等待所有前面的操作都已完成（间接负荷）。这样它们就不能用于解决订单控制问题	一条单一回路可以避免看板系统里的那些问题。然而，由于卡片匿名，所有工作没有先后顺序。需要更高层次的信息技术支持，为任务投放车间安排合适的顺序	卡片匿名避免了看板系统的问题。需要物料需求计划系统根据紧急程度（每个操作投放的最早日期）安排工作先后顺序	中央投放功能可避免看板系统的问题，保证安排工作先后顺序
影响：工艺路线特征	无	无	因为有堵塞风险，禁止反馈回路	无
影响：加工时间可变性	如果加工时间变动大，限制卡片数量不会稳定负荷，因为卡片和加工时间并不相关	只显示系统完成的工作信息。不考虑负载平衡	只显示在工位完成的工作信息。不考虑负载平衡	投放卡片可以让现有负荷情况和车间工作进度直观化。考虑负载平衡。有了计划板和投放卡，负载平衡计算更便利

这些系统主要有两个区别。首先定量在制品卡片和 POLCA 卡片都是匿名的。也就是说它们只是说“有件工作”完成了（新的工作可以开始了）。我们知道在 POLCA 系统里这会造成堵塞。与此同时，看板卡片和 COBACABANA 卡片会给零件/工作指定名称。其次，COBACABANA 卡片的一个独特之处是它们的大小表明了工作所需的加工时间。这样就支持了中央计划板上的工作负载平衡。

信息技术支持的需求及其对卡片控制系统应用的影响

说到反馈回路是如何操作来实现输入/输出控制的，各种系统最后还有一个区别：它们是独立运行还是受到信息技术影响或支持。信息技术支持的需求及其对卡片系统应用的影响如表 10－3 所示。

表 10-3 信息技术支持的需求及其对卡片控制系统应用的影响

	看板系统	定量在制品系统	POLCA 系统	COBACABANA 系统
地点	可能需要用来计算某流程最后工位的生产计划（生产均衡柜不可用于计算）	如果没有嵌入其他系统，需要用基于物料需求计划的高级计划来安排作业的先后顺序	需要用物料需求计划系统来安排作业先后顺序	不需要支持
影响	需要额外的投资；系统更复杂了			对于小型车间尤为适用，因为小型车间不大需要复杂的信息技术方案和基础设施

POLCA 系统严重依赖信息技术的支持。事实上，它的一大特征就是需要利用物料需求计划系统来计算最早投放时间。定量在制品系统通常嵌入在以信息技术为基础的更高级的计划系统里。同样，看板系统也需要信息技术来支持生产均衡。我们已经知道，生产均衡柜不提供支持工作负载平衡的工具。实际上，门田认为，在混合生产中制订最优顺序计划表有点难，但是丰田公司尝试通过启发式的计算机程序来确定这样的计划表（Monden Y，1983）。COBACABANA 系统提供一个整合了工作负载平衡的中央投放功能区。它考虑到了接下来车间投放哪个订单的详细决定，不需要任何信息技术的支持。因为工作负载平衡的计算可以通过使用简单计划板来完成。这样 COBACABANA 系统对财力资源有限的小工厂就会特别有吸引力。

最后注意事项——嵌套式卡片控制系统

卡片系统是控制生产的强大手段。它们简单直观，在实践中广泛使用，“效果响当当”。不过，我们也看到每个卡片系统在适用性上存在重大差异。

每个系统都是应特定需要产生的。

1）看板系统是由于丰田公司要减少生产过剩浪费和其他相关浪费，比如库存浪费、运输浪费等而产生的。它对于内部供应链控制，即控制被转化资源的合流以及库存控制问题都是非常强大的手段。

2）定量在制品系统解决了看板系统的一个主要缺点，即看板系统主要是针对库存控制问题。定量在制品还能直接解决订单控制问题，而订单控制问题也是看板系统的一大难题。但是定量在制品只能在纯流水车间应用——即所有订单必须按照相同顺序进入各个工位。此外，加工时间可变性也必须很小，因为定量在制品系统不具备负载平衡能力。

3）POLCA 系统本质上是采用看板卡片，并让它们（工作）匿名。它运用物料需求计划系统来给订单流排序。这为订单控制问题提供了另一个解决方案，相比定量在制品系统它可以适应可变性更大的工艺路线。但尽管如此，工艺路线也必须简单和定向，加工时间可变性要小，因为它缺乏负载平衡能力。

4）COBACABANA 系统为订单控制问题提供了一个解决方案。它可以在变化大的工艺路线里使用，因为它在车间前用了一个外在的订单池。订单池可以考虑到每个工位上的集中负载信息。这样可以有选择地投放能均衡工位间负载的工作来支持负载平衡。这样它就能在加工时间可变性大的环境下应用。本书讲到的其他系统不能在这样的环境下使用，因为它们不具备工作负载平衡能力。实际上 COBACABANA 系统是卡片形式的工作负载控制系统。它是一个特别为复杂车间设计的产品控制概念。另外，COBACABANA 系统可以很容易地加以拓展，除了关注订单投放，还可以整合交货时间估算手段来支持客户咨询管理。

因此可以说，每个卡片系统都能解决某个控制问题。各个卡片系统适用性的总框架如表 10－4 所示。

表 10－4 卡片控制系统：优缺点及一般应用准则

	看板系统	定量在制品系统	POLCA 系统	COBACABANA 系统
优点	解决库存控制问题简单、有效、直观；在实践中得到广泛应用和测试	简单，直接	将库存控制系统的使用拓展到解决订单控制问题	回路结构允许所有可能的工艺路线排列。中央计划板可以一览当前车间作业全貌。支持负载平衡
缺点	只能在简单工艺路线和工艺路线可变性小的环境下使用。有卡片传播和订单控制问题。不提供负载平衡	只能用于纯流水车间。工位的在制品不受限制。需要高一级的信息技术来支持工作的顺序安排。不提供负载平衡	需要使用物料需求计划。系统所计算的最早投放时间可能造成供应不足。只能在简单、定向的车间使用，因为有可能造成堵塞。不提供负载平衡	与其他多多少少复制看板的系统相比，需要改变思维习惯。比如工艺路线和卡片回路结构解耦，卡片代表操作（大小代表加工时间），要使用一个外在订单池等
一般应用准则	解决库存控制问题的首选	解决订单控制问题的一个简单直接的办法	为改进现有的物料需求计划系统提供解决办法	解决复杂（工艺路线和/或加工时间可变性大）订单控制问题的首选

尽管在这里我们提供了选择方案的一些指导方针，但本书开头就说过，这里不考虑纯度。车间经常面临不同的控制问题，需要不同的解决方案。不同的解决方案实际上可以通过嵌套方式实现不同的功能，从而控制车间或者联系、控制不同车间（记住分析的层次）。内嵌式系统举例如图 10－1 所示。

嵌套式卡片控制系统：根据不同的分析层次可以鉴别出不同的产品/服务流。比如，零部件一起流向一个装配车间（或流水线、单元、工作点等）。但是，组件会一同流经装配车间（生产线、单元、作业点等）。每个生产组件的车间可能都需要一个不同的卡片系统。同时，协调组装车间不同组件的流动可能需要另一个卡片控制系统，供应品的提供也可能需要不同的卡片系统。因此，一个工厂可以由几个相互联系的车间（生产线、单元、作业点等）组成，每个车间的控制问题都略有不同。这可能需要一个总体的卡片控制解决方案将各种卡片解决方案嵌套在一起。

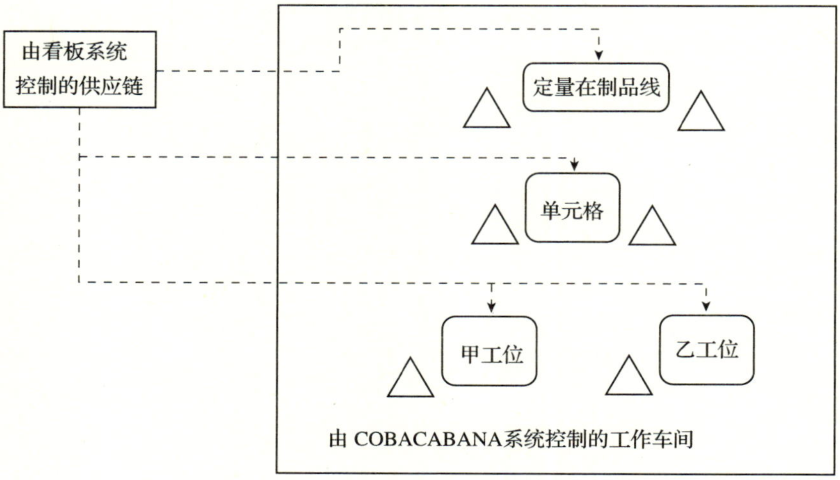

图 10－1　看板系统、COBACABANA 系统和定量在制品系统嵌套示例

实施信息

本书最后我们谈谈实施问题。然而这一节很短——因为我们不认为事先详细描述的那些实施方法或办法有利于实施。每个工厂都有自己的特点、文化等。本书开头说过，卡片系统不是随便哪里都能用的，不是拿来就能解决问题的。相反，它们需要我们投入和努力，需要我们每天在车间里观察、观察、再观察。

本书旨在为卡片系统的功用提供一些见解——主要是支持你，为你的控制问题确定合适的解决方案。明白这一点是成功实施的关键。了解卡片控制系统是成功实施的唯一前提。我们在此仅仅总结一些一般性的实施准则（见图 10－2）。

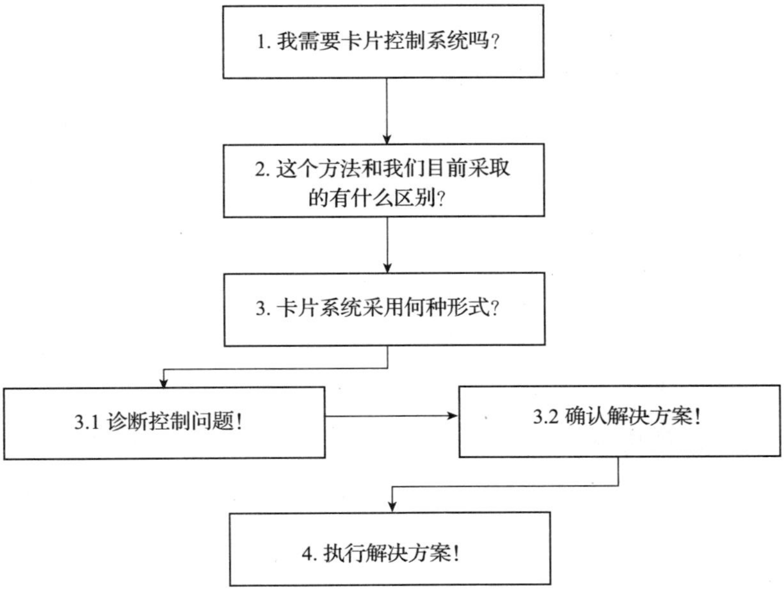

图 10－2　一些一般性的实施准则

如果你考虑在公司实施卡片控制系统，首先要问自己以下几个基本问题：

- 卡片系统适合在我们工厂用吗？

读到这里，你应该有好主意了——如果答案不是肯定的，你不可能读到现在。如何回答这个问题，第一章给出了一些提示。一旦确定卡片控制系统对你来说是合适的解决方案（即你需要它去实现你的目标），接下来必须问下一个问题。

- 这个方案与我们已知的方案有何不同？

需要改变的程度越大，实施、员工培训等方面的准备工作越需要时间和重视。例如，卡片控制系统强调，需要推迟订单投放来稳定和降低在制品水平。这可能跟直觉反差很大，需要改变思维方式。例如，据大野耐一报告，要改变思维方式，从推式转换到拉式（即后工序生产线移动至前工序生产线）是实施看板系统遭遇的一大挑战。你可能还要问一个问题。

- 卡片系统要采取什么样的形式?

我们希望本书回答了这个问题。本书多次提到：不存在纯度问题。要从问题入手，不要预先就想好采取什么解决办法。你可以嵌套不同的系统，多管齐下，甚至创造自己的系统（如果是这样希望你能联系我们）。

至于卡片系统的具体实施，我们建议你考虑以下三个步骤：

1）建立回路结构。这意味着你必须决定你认为需要控制的首批工位（单元、作业点等），这可能需要组合机器，改变格局等。它不应该是固定的，安装的系统可以后期调整。

2）让回路结构中卡片泛滥。这意味着你要从系统中较高的在制品水平入手。我们不建议一开始就严格限制卡片数量（或在 COBACABANA 情况下提出严格的负载限额）。卡片数量（负载限额）应逐渐下调，时刻注意浪费迁移——浪费迁移表明有缓冲，必须减小可变性。许多学术研究都在讨论决定不同卡片系统中卡片的最佳数量。但这些文献常常基于某种假想成分很大的系统，几乎不可能反映现实。所以我们建议你先从一个“泛滥”系统开始，以后边学边调整。例如，以下是看板系统所用的最初方法，门田是这么说的：

“在丰田工厂，每道加工的实际看板数量并不是由特定公式自动决定的。事实上，每个管理者都得到非常具体的指示：‘你用多少看板都行，只要能提高加工效率，看板数量（即库存水平）能减则减，直至最低限度’。如果发现现有的看板数量不合适，引起车间的麻烦，那看板数量应立即修改（增加）。从某种意义上说，这是一种试错法；但这个方法很实际，很管用，能促进管理者和工人减少看板数量，提高加工效率。”(Monden Y，1983)

3）保持灵活性。这不是说安装了、运行了就万事大吉。你要不断监控系统是否运行正常，是否可以改进，或者控制问题是否已改变。比如，一段时间后，车间工作的特点可能改变，这可能会要求系统做出改变。回路结构甚至卡片系统本身总是可以改变的。

希望你喜欢读这本书，从中得到成功地选择、实施和使用卡片系统所需的启发。最后我们想引用猫王的一句话来结束本书："请少一点空谈，多一点实干"。

附：希望本书能帮助你寻找简单有效的生产控制方法。如果你认为我们在介绍卡片系统时犯了重大错误，或忽视了重要内容和其他方法；如果你有一套给人新启迪的有趣实施方案；或是你发明了自己的系统，认为我们应该了解；或是你只是需要更多的信息——请随时联系我们。

本章参考文献

Monden, Y. , 1983, *Toyota Production System: Practical Approach to Production Management*, Industrial Engineering and Management Press, Norcross, Georgia.

附　录
卡片系统总结

本附录能让我们快速回顾本书讨论的每一个卡片系统，也包含一些延伸阅读信息，供有意了解更多的读者使用。

看板系统

看板系统可以很好地解决工艺路线和加工时间可变性小的库存控制问题。

看板系统的最初发展是为了内部供应链，也就是把不同的产品/服务流连接起来，类似于河流和汇流点的概念。从主线开始，后工序生产线向前工序生产线示意需要（对在制品看板系统而言）和“即将”需要什么（对生产看板系统而言）。领料看板用来将产品（如零件）从前期（次要）线取走。在一个在制品看板系统里，一旦某个零件被取走，有个在制品看板就空闲了并向次要（前期）线的起点示意要补充被取走的产品。在一个生产看板系统里，生产看板示意将要使用某种产品，于是产品就会生产出来，在需要的时候到达取货工位。在制品看板系统结构如附图 1 所示，生产看板系统结构如附图 2 所示。

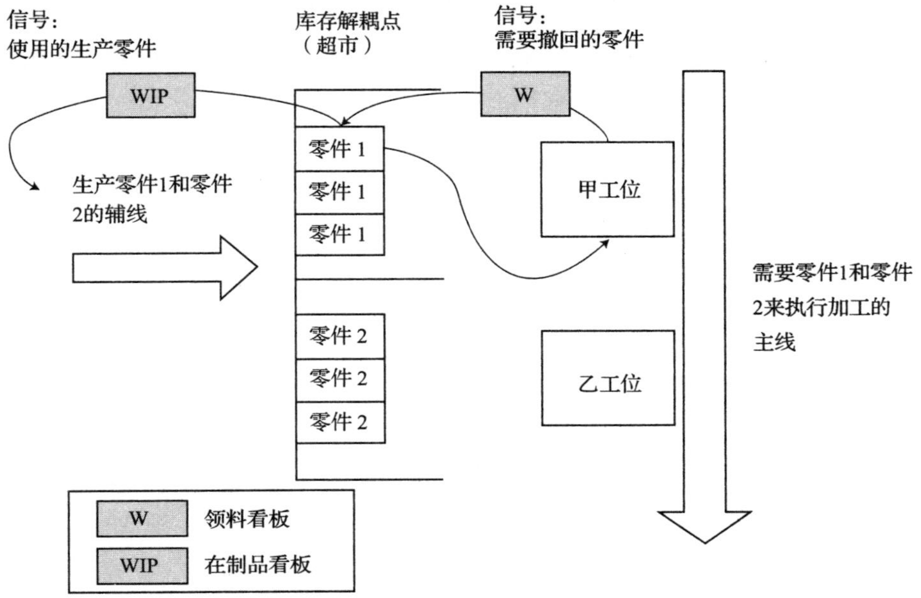

附图 1 用于内部供应链（连接产品/服务流）的在制品看板系统

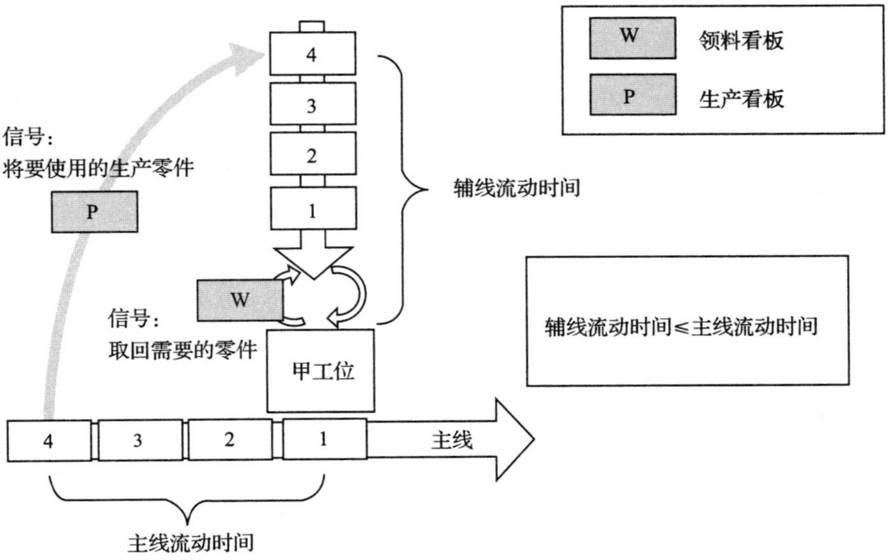

附图 2 用于内部供应链（连接产品/服务流）的生产看板系统

当我们从内部供应链转移到车间控制问题（即协调独立的产品/服务流流经相同的转化资源）的时候，就要用到不同的系统。通常就不再需要两张卡片，因为作业直接流到下个工位的队列，反馈回路可以合并起来。剩下这一个看板称为普通看板，如附图3所示。

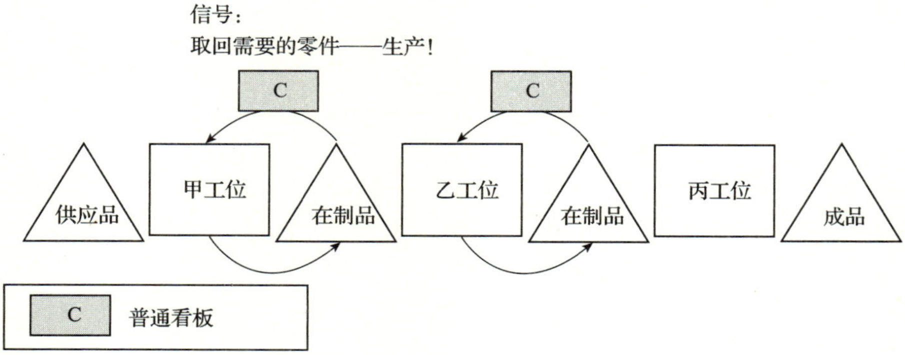

附图3　用于车间控制的普通看板

在看板系统里，每一个工艺路线步骤都需要建立一条看板回路。这样看板系统的使用只能局限在工艺路线特征简单（工艺路线可变性小）的车间。此外，如果订单流被控制（即在每个被转化资源都有基因同一性的订单控制问题中），那么在每个工艺路线步骤里卡片就需要往回传递信息。然后它们就需要等待订单的到来。在等待期间，看板卡片代表的是间接负载。因此，在每条看板回路里就需要不止一张卡片来表示工位的作业（直接负载）和仍在上游工位的作业（间接负载）。这样，工艺路线的最后工位需要的看板最多，这就破坏了有效控制。所以看板系统不应在订单控制问题中使用。

总而言之，看板系统不考虑工作负载平衡。因此，它们不能用在加工时间可变性大的环境下，因为这样的环境需要某种负载平衡来避免下游工位不必要的（或过早的）供应不足。

延伸阅读

Monden, Y., 1983, *Toyota Production System: Practical Approach to Production Management*, Industrial Engineering and Management Press, Norcross, Georgia.

Ohno, T. , 1988, *Toyota Production System: Beyond Large-Scale Production*, 1st Ed. , Productivity Press.

Shingo, S. , 1989, *A Study of the Toyota Production System from an Industrial Engineering Viewpoint*, Cambridge, MA: Productivity Press.

Sugimori, Y. , Kusunoki, K. , Cho. , F. , and Uchikawa, S. , 1977, Toyota production system and Kanban system Materialization of just-in-time and respect-for-human system, *International Journal of Production Research*, 15, 6, 553 – 564.

定量在制品系统

定量在制品系统可以简单有效地解决加工时间可变性小的纯流水车间的订单控制问题。

定量在制品系统将线路的最后工位和第一个工位连接起来，避免了信息一个工位接一个工位地传播。也就是说，它完全不管直接负载和间接负载的差异。只要有工作离开生产线，就可以投放新的工作。因此，线路里的工作量是有控制的。定量在制品系统如附图 4 所示。

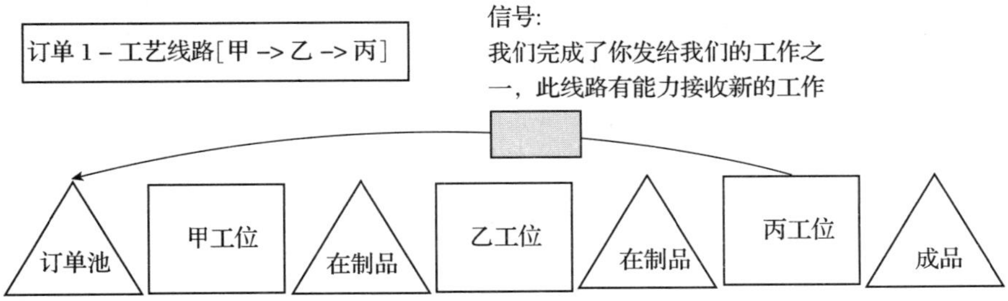

附图 4　定量在制品系统（即卡片匿名系统）

定量在制品系统与内部供应链所用的生产看板系统、在制品看板系统有一个重要区别，定量在制品卡片是匿名的。因此，它们示意“某件工作”已经完成，另一件“工作”可以开始了，而不是一件“特定的工作”已经完成或将要完成。这样就把生产线下一步开始什么工作的决定转移到流程的第一个工位。

定量在制品系统不应该用在库存控制问题上，因为它并不控制每个工位的作业。定量在制品系统也要求所有流经车间的产品/服务的工艺路线里第一个和最后一个工位相同。由于线路不应该被分离，所以定量在制品的可用性就局限于纯流水车间里，即每个订单按照相同的顺序进入每个工位。另一个重要的缺点是线路也不能太长，因为系统里工作的最小数量必须和回路里的工位数相等，至少每个工位要有一件工作。由于每个工位上的工作量没有被控制，所有的工作有可能都在同一个工位排队，这样就会造成严重超载。

定量在制品系统不支持负载平衡，因此它只能用在加工时间可变性小的环境里。这是定量在制品系统最关键的问题，因为它只能用在纯流水车间。由加工时间可变性引起的供应不足在纯流水车间尤为明显，因为一个工位的作业输入直接依赖上游工位的加工时间。

延伸阅读

Hopp, W. J., and M. L. Spearman, 2001, *Factory Physics: Foundations of Manufacturing Management*, McGrawHill, 2nd Edition.

Spearman, M. L., Hopp, W. J., and Woodruff, D. L., 1989, An hierarchical control architecture for Constant Work-in-Process (CONWIP) Production Systems, *Journal of Manufacturing and Operations Management*, 2, 147 - 171.

Spearman, M. L., Woodruff, D. L., and Hopp, W. J., 1990, CONWIP: a pull alternative to kanban, *International Journal of Production Research*, 28, 5, 879 - 894.

POLCA 系统

POLCA 系统可以解决订单控制问题，但有三个条件：工艺路线可变性小；工艺路线是定向的；加工时间可变性小。该系统尤其适用于已经有物料需求计划系统进行物料控制的环境。

POLCA 系统将一个类似看板的卡片系统（但工作卡片匿名）和物料需求计划系统联合起来。物料需求计划系统是必需的，因为和定量在制品卡片类似，POLCA卡片并不会传递哪个订单需要加工的信息，只是说有个订单可以加工了。因此需要采用某种其他的作业排序手段。然而，忽略订单的基因一致性就可以把订单控制问题转化为库存控制问题。所以，POLCA系统实质上是一种卡片式库存控制方案，在物料需求计划帮助下解决订单控制问题。物料需求计划系统计算出每个操作的最早投放时间，到了这个日期才能进行操作。物料需求计划和卡片系统之间的相互影响如附图5所示。

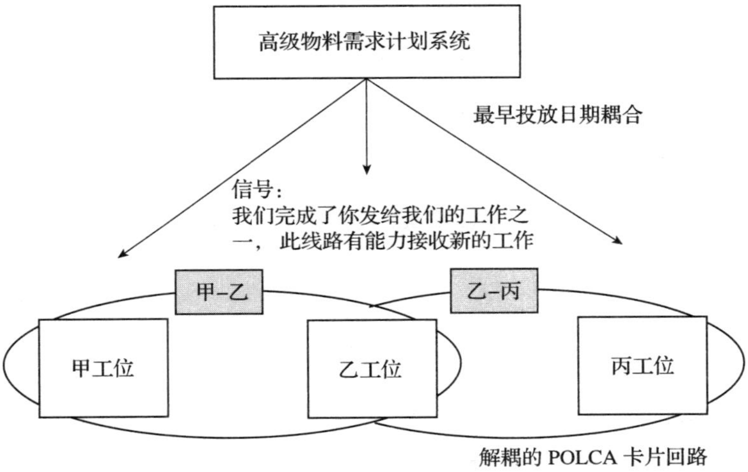

附图5　POLCA系统（解耦的POLCA回路由物料需求计划系统连接）

POLCA回路非常复杂。当一个必须通过甲-乙回路的订单到达甲工位时，POLCA系统要满足四个条件才能开始操作：

1）被转化的资源需要已经到达甲工位。

2）甲工位必须可用。

3）甲工位被转化资源的最早投放时间必须已经到了。

4）POLCA系统的甲-乙卡片可用，乙工位在未来有可用产能。

一旦甲工位的操作完成，工作就转移到乙工位去等待另一张POLCA卡片（工艺路线下一个工位，即丙工位的卡片）。当订单在乙工位完工时，也只有这个时候POLCA卡片被送回甲工位，来允许甲工位开始下一步作业。甲-乙回路就此完成。

POLCA 系统将订单控制问题视作库存控制问题，所以和看板系统相比更适合解决订单控制问题。然而，如果工艺路线没有定向，有可能造成严重堵塞。此外，该系统需要到了投放日期才开始操作，这样就带来推式系统的大部分弱点。事实上，如果最早投放时间太晚的话，就会造成严重供应不足，因为就算甲工位和乙工位都处于供应不足状态，也要等到最早投放时间到了才能开始处理。如果最早投放时间太早，就无法保证作业的优先次序。

与看板系统一样，POLCA 系统的回路结构需要照顾到工艺路线里的每个步骤。因此，POLCA 系统和看板系统有同样的局限性——只能用在简单、定向的工艺路线里。最后，POLCA 系统不支持负载平衡，所以只能用在加工时间可变性小的环境里，这样才能避免加工时间可变性造成的供应不足。

延伸阅读

Krishnamurthy, A. and Suri, R., Planning and Implementing POLCA: a card-based control system for high variety or custom engineered products, *Production Planning and Control*, 20, 7, 596 - 610.

Riezebos, J., 2010, Design of POLCA material control systems, *International Journal of Production Research*, 48, 5, 1455 - 1477.

Suri, R., 1989, Quick Response Manufacturing: A companywide approach to reducing leadtimes, Productivity Press.

Suri, R., 2010, *It's about time: The competitive advantage of quick response manufacturing*, Productivity Press.

COBACABANA 系统

COBACABANA 系统可以很好地解决工艺路线和/或加工时间可变性大的复杂多变车间的订单控制问题。

COBACABANA 系统在车间前面使用了一个中央投放功能区。订单并不是直接进入车间，而是被留在所谓的车间前的订单池中，从订单池里往车间投放以达到某些指标，比如在每个工位达到一个低而且稳定的在制品水平、及时交货给顾客等。与此同时，中央投放功能由每个工位和投放功能区之间的卡片回路来支持。卡片回路可以提供哪些操作已经完成的信息。因此，COBACABANA 卡片是与特定操作（也就是相应的工位和工作）发生联系的。为了支持计划板上的负载平衡计算，这些卡片①需要复制，这样一张卡片（投放卡）可以留在计划板上直观地显示车间的工作负载，而另一张卡片（操作卡）可以提供车间反馈信息；②根据自身的大小代表每个操作的工作负载。

只有工艺路线里每个工位的工作负载贡献未达到事先设定的负载限额，订单才会投放到车间。所以，（计划板上投放卡直观显示的）投放到各工位的工作负载是有限的。测量投放到各工位的工作负载可以采用综合负载（定向线路的车间）的形式，也可以采用修正的综合负载单位（非定向线路的车间）的形式。为了让工作负载保持在负载限额之内，我们可以在车间内建立混合订单来平衡工位之间的负载。COBACABANA 系统车间控制机制的总体结构如附图 6 所示。

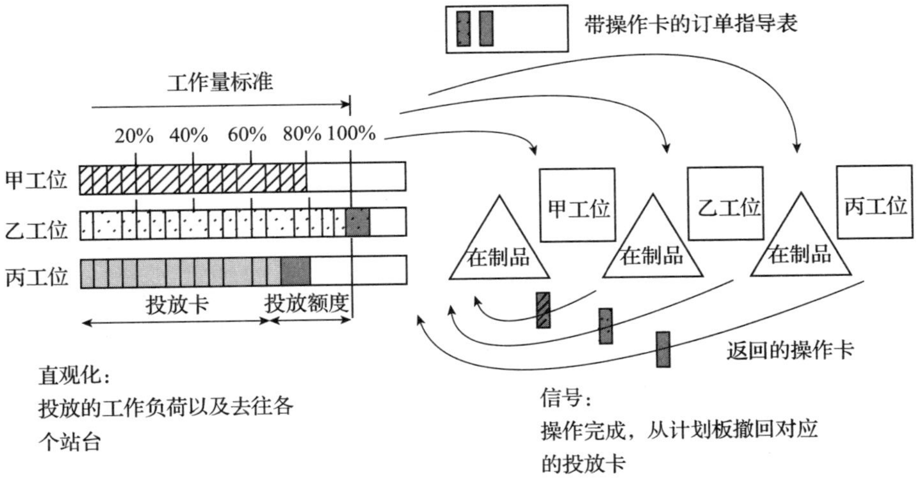

附图 6 COBACABANA 系统投放——使用中央投放功能区和车间各个工位之间的回路

引入车间前的订单池以后，订单可以从任何工位进入车间。与此同时，工位和中央投放功能区之间的回路结构可以适应所有可能的工艺路线步骤。因此，COBACABANA 系统可以适应所有可能的工艺路线排列。

COBACABANA 系统也提供了独特的负载平衡能力，因为这项能力与投放决定整合在一起。这样就能适应加工时间可变性大的情况。

另外，COBACABANA 系统提供了一个简单拓展，可以估算交货时间。交货时间的计算由销售员显示屏支持，显示屏可以直观显示在池里等候投放到工位的负载。池里的等待时间可以用利特尔定律和工位投放速度来估算。由于操作生产时间通过订单投放来保持平衡，因此交货期限可以通过订单池里的等待时间加上固定的车间操作生产时间和外在的估计交货时间与实际交货时间的差值来估算。

总而言之，COBACABANA 系统提供了一个综合的卡片控制系统解决方案，如附图 7 所示。

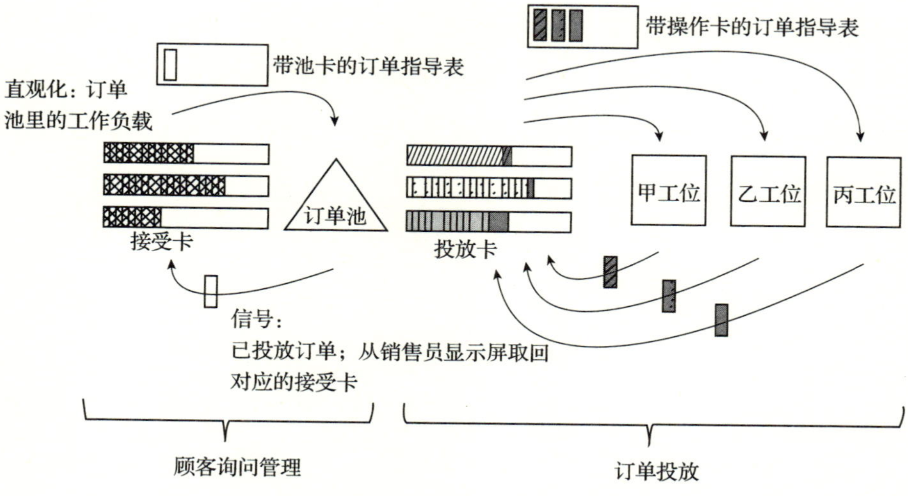

附图 7　COBACABANA 系统——整合交货日期估算和订单投放控制

延伸阅读

Land，M. J.，2009，Cobacabana（control of balance by card-based navigation）：A card-based system for job shop control，*International Journal of Production Economics*，

117, 97 - 103

Thürer, M. , Stevenson, M. , Silva, C. , Land, M. J. , and Fredendall, L. D. , 2012, Workload control (WLC) and order release: A lean solution for make-to-order companies, *Production & Operations Management*, 21, 5, 939 - 953.

Thürer, M. , Stevenson, M. , Silva, C. , Land, M. J. , Fredendall, L. D. , and Melnyk, S. A. , 2014a, Lean Control for Make-to-Order Companies: Integrating Customer Enquiry Management and Order Release, *Production & Operations Management*, 23, 3, 463 - 476.

Thürer, M. , Land, M. J. , and Stevenson, M. , 2014b, Card-Based Workload Control for Job Shops: Improving COBACABANA, *International Journal of Production Economics*, 147, 180 - 188.

Thürer, M. , Stevenson, M. , and Protzman, C. W. , 2015b, COBACABANA (Control of Balance by Card Based Navigation): An Alternative to Kanban in the Pure Flow Shop?, *International Journal of Production Economics*, (in print)

Thürer, M. , Land, M. J. , Stevenson, M. , Fredendall, L. D. , and Godinho Filho, M. , 2015a, Concerning Workload Control and Order Release: The Pre-Shop Pool Sequencing Decision, *Production & Operations Management*, (in print)

参考文献

Ashby, W. R. 1957, *An Introduction to Cybernetics*, Chapman & Hall.

Beer, S. , 1994, *Decision and Control: The Meaning of Operational Research and Management Cybernetics*, John Wiley & Sons.

Conway, R. , Maxwell, W. L. , and Miller, L. W. , 1967, *Theory of Scheduling*, Addison-Wesley Publishing Company, Reading, MA, USA.

Ford, H. , 1923, *My Life and Work*, in Collaboration with Samuel Crowther, Garden City, New York.

Goldratt, E. M. and J. Cox, 2004, *The Goal: A process of Ongoing Improvement*, 3rd Revised Edition, Great Barrington, MA: North River Press.

Harada, T. , 2015, *Management Lessons from Taiichi Ohno: What Every Leader Can Learn from the Man who Invented the Toyota Production System*, McGraw-Hill Education.

Hayes, R. H & Wheelwright, S. C. , 1979, Link Manufacturing Process and Product Life Cycles, *Harvard Business Review*, (March-April), 127 – 136.

Hino, S, 2006, *Insight the Mind of Toyota: Management Principles for Enduring Growth*, Productivity Press.

Hopp, W. J. , and M. L. Spearman, 2001, *Factory Physics: Foundations of Manufacturing Management*, McGrawHill, 2nd Edition.

Hopp, W. J. , and M. L. Spearman, 2004, To Pull or Not to Pull: What is the Question?, *Manufacturing & Service Operations Management*, Vol. 6 (2), pp. 133 – 148.

Kanet, J. J. , 1988, Load-limited order release in job shop scheduling systems, *Journal of Operations Management*, 7, 3, 44 – 58.

Land, M. J. , Stevenson, M. , Thürer, M. , and Gaalman, G. J. C. , 2015, Job

Shop Control: In Search of the Key to Delivery Improvements, *International Journal of Production Economics*, (in print)

Land, M. J., 2009, Cobacabana (control of balance by card-based navigation): A card-based system for job shop control, *International Journal of Production Economics*, 117, 97 – 103

Land, M. J., and Gaalman, G., 1998, The performance of workload control concepts in job shops: Improving the release method, *International Journal of Production Economics*, 56 – 57, 347 – 364.

Little, J., 1961, A proof of the theorem $L = \lambda W$, *Operations Research* 8, 383 – 387.

Monden, Y., 1983, *Toyota Production System: Practical Approach to Production Management*, Industrial Engineering and Management Press, Norcross, Georgia.

Ohno, T., 1988, *Toyota Production System: Beyond Large-Scale Production*, 1st Ed., Productivity Press.

Oosterman, B, Land, M. L., and Gaalman, G., 2000, The influence of shop characteristics on workload control, *International Journal of Production Economics*, 68, 1, 107 – 119.

Orlicky, J., 1975, Material Requirements Planning: The New Way of Life in Production and Inventory Management, McGraw-HilL.

Plossl, G. W., and Wight, O. W., 1971, Capacity planning and control, *Working paper presented at the APICS International Conference in St. Louis, Missouri.*

Protzman, C., Mayzell, G., and Kerpchar, J., 2010, *Leveraging Lean in Healthcare: Transforming Your Enterprise into a High Quality Patient Care Delivery System*, 1st Ed. Productivity Press.

Riezebos, J., 2010, Design of POLCA material control systems, *International Journal of Production Research*, 48, 5, 1455 – 1477.

Shingo, S., 1989, *A Study of the Toyota Production System from an Industrial Engineering Viewpoint*, Cambridge, MA: Productivity Press.

Soepenberg, G. D., Land, M. J., and Gaalman, G., 2008, The order progress diagram: A supportive tool for diagnosing delivery reliability performance in make-to-order companies, *International Journal of Production Economics*, 112, 1, 495 – 503.

Spearman, M. L., Woodruff, D. L., and Hopp, W. J., 1990, CONWIP: a pull alternative to kanban, *International Journal of Production Research*, 28, 5, 879 – 894.

Sugimori, Y., Kusunoki, K., Cho., F., and Uchikawa, S., 1977, Toyota production system and Kanban system Materialization of just-in-time and respect-for-human system, *International Journal of Production Research*, 15, 6, 553 – 564.

Suri, R., 1989, Quick Response Manufacturing: A companywide approach to reducing leadtimes, Productivity Press.

Suri, R., 2010, *It's about time: The competitive advantage of quick response manufacturing*, Productivity Press.

Thompson, J. D., 1967, *Organizations in action: Social science bases for administrative theory*, 1st Ed, Mc Graw-Hill book company, New York.

Thürer, M., Stevenson, M., and Protzman, C. W., 2015, COBACABANA (Control of Balance by Card Based Navigation): An Alternative to Kanban in the Pure Flow Shop?, *International Journal of Production Economics*, (in print)

Thürer, M., Land, M. J., and Stevenson, M., 2014b, Card-Based Workload Control for Job Shops: Improving COBACABANA, *International Journal of Production Economics*, 147, 180 – 188.

Thürer, M., Stevenson, M., Silva, C., Land, M. J., Fredendall, L. D., and Melnyk, S. A., 2014a, Lean Control for Make-to-Order Companies: Integrating Customer Enquiry Management and Order Release, *Production & Operations Management*, 23, 3, 463 – 476.

Thürer, M., Stevenson, M., Silva, C., Land, M. J., and Fredendall, L. D., 2012, Workload control (WLC) and order release: A lean solution for make-to-order companies, *Production & Operations Management*, 21, 5, 939 – 953.

Weber, M., 2014, *Wirtschaft und Gesellschaft: Soziologie*, Studienausgabe der MaxWeber Gesamtausgabe Band I/23, Mohr Siebeck, Tubingen.

Wiendahl, H.-P., 1995, *Load-Oriented Manufacturing Control*, Springer, Berlin.

Wight, O., 1970, Input/Output control a real handle on lead time, *Production and Inventory Management Journal*, 11, 3, 9 – 31.